学校教員たちの植民地教育史
——日本統治下の朝鮮と初等教員

はじめに

1　なぜ植民地の教員か

日本の植民地で行われた教育とはどのようなものだったのでしょうか。

本書では、学校の教員という人々の存在に注目することで、この問いについて考えてみたいと思います。具体的には副題にも示した通り、日本統治下の朝鮮半島に設置された初等学校の教員たちに焦点をあてます。植民地での教育について考えるためには、教育の制度や内容に関する理解と検討が不可欠ですので、そうした点にも言及しますが、あくまで学校教員という存在をおもな手がかりとする点に本書の特徴があります。

ではなぜ植民地での教育について論じようとする際、本書では学校の教員、なかでも日本統治下朝鮮の初等学校で働いた教員に注目するのでしょうか。その理由は二つあります。

第一は、教員が教育政策と子どもの中間に位置し、両者をつなぐ存在であったからです。植民地における教育に限らず、政策レベルで決定した教育内容が学校での実践に至る過程には必ず教員たちの政策理解や解釈、実践研究等の活動が介在しています。端的に言えば、〝教育政策〟と〝学校で教育を受ける子ども〟の間には〝教員たち〟がいたということです。したがって、政策レベルでの決定事項やその変遷を追うだけでは、学校という教育現場の実態を充分に知ることが難しいのです。現在の学校教育について論じる際にも同様のことがいえるでしょう。つまり、第一の理由は教員という職業そのものに注目することに関わるものです。

第二の理由は、学校の中でも特に日本統治下朝鮮の初等学校に着目することに関わるものです。現在の我々が日本の旧植民地での教育について知ろうとするとき、その教育活動が誰に対して行われたものなのか、つまり、「教育の対象」を意識することが極めて重要となります。具体的にいえば、その教育が現地の人々に対して行われたものであるのか、あるいは宗主国側（「内地」）の人々*に対して行われたものであるのか、またはその両方かということについての注意が欠かせないということです。植民地で行われた教育についての言説が、「教育の対象」を意識されずに出回ることになれば、例えば、植民地に居住した宗主国側の人々のための教育活動があたかも現地の人々に対するものであったかのような誤った認識を生むリスクがあるからです。同様に現地の人々に対する教育活動が在植民地本国人に対する教育活動として誤って捉えられるリスクもあります。日本統治下朝鮮での初等教育は原則として朝鮮人児童と日本人児童を分け、通う学校、教育内容、修業年限、カリキュラム等を区別していました。いわゆる「内鮮別学」という運営方式です。本論で詳述しますが、この方式は途中で「廃止」され、

*宗主国側の人々
日本統治下の朝鮮には日本から渡って居住した人も多く、そうした人々が朝鮮半島で子どもを生み育てることによって在朝日本人はさらに増加しました。一九一〇年末の時点で朝鮮には一七万一五四三人の日本人が在住しており、一九四五年の時点では七〇万人を超えています。

制度上は「内鮮共学」に変更されますが、実態としての「内鮮別学」は残存し続けます。こうした初等学校の状況には、植民地における教育であるがゆえの政策の特徴を顕著に見ることができるのです。つまり、朝鮮の初等教育は植民地での教育がどのようなものであったのかということを考えるうえで格好の事例となるのです。加えて、教員集団も現地の人々（朝鮮人）と宗主国側の人々（日本人）によって構成されており、教員の「民族」混在[**]という点からも、「日本統治下朝鮮の初等学校」は注目すべき対象といえます。

ところで、教育という営みは学校という場においてのみ行われるものではありません。また、教員と子どもという関係性においてのみ行われるものでもありません。したがって、植民地という環境下においても学校ではない場で、また、教員と子どもではない関係性の中でも営まれる教育活動が存在していました。そうした場、関係性における教育の営みへの着目も植民地での教育の実相に迫るうえで重要なことでしょう。

本書では学校教育を扱いますが、より大きな文脈で植民地教育を論じようとするとき、こうした課題についても別途取り組まなければならないことを念のため付言しておきます。

2　本書の性格と本論の構成

本書は、筆者がこれまで行ってきた植民地朝鮮における学校教員に関する研究の成果を土台にしていますが、研究者向けの専門書ではありませんので、植民地での教育について詳しく知らない、考えたことがない人たちを含め、多くの読者が読みやすい内容、構成となるよう努めました。そのため、史料の引用や検証作業の詳しいプロセスなど

**教員の「民族」混在
中等・高等教育段階でも教員の「民族」混在は確認できますが、朝鮮人教員の割合は極めて低く、「民族」という属性に着目した集団ごとの考察や分析は初等教員に比して難しいといえます。

に関する記述は最小限にとどめ、あくまで教員を手がかりに植民地教育の実態に迫るための有効な視点の提示に注力したつもりです。

そのことを踏まえたうえで、本論の構成（全六節）について簡単に紹介します。

まず、一節では、本書を読み進めるうえで読者の皆さんに知っておいてほしい日本統治下朝鮮における初等学校の制度とその変遷について略説します。特にそこで登場する普通学校は本書全体を通じておもに注目する教育機関となります。

次に二節では、日本統治下朝鮮の初等学校には日本人教員と朝鮮人教員が混在していたこと、そして「民族」という属性に注目した時、両者にはどのような違いがあったのかという点について役割や待遇の面から検討します。また、朝鮮人教員の「同化」と「差異化」をめぐる状況から植民地教育を担った教員集団独自の特徴についても述べます。

他方、日本統治下朝鮮における学校教員たちの存在様態は、「民族」という属性への着眼だけでは十分に捉えられません。そこで三節では、男性教員・女性教員という二分された「性別」に焦点をあてて教員を見ていくことにします。具体的には、教員社会の中での「性差」の認識や「適材適所」論、女性教員の苦境等、植民地教育の現場の雰囲気をうかがわせる教員の実態について見ていきましょう。

さて、日本統治下朝鮮で働く教員たちはどのように養成・確保されていたのでしょうか。四節では、そのことについて述べたいと思います。具体的には、朝鮮の教育機関での養成、試験による確保、日本からの招聘という三点を取り上げ、養成・確保ルートという観点から植民地教員の姿に迫ります。

五節では、教員たちによって行われた教育実践研究の内容とその特徴について見ていきます。前述したように、教員は政策と子どもの間に位置し、両者をつなぐ存在として捉えることができます。教員たちが教育実践を行ううえで何を課題として対象化し、実践研究に取り組んだかという点に注目します。

そして最後に、六節では、国家と教員という少し大きな文脈の中で植民地教員についての検討を行います。近代社会においては学校教員という職業から払拭することができない国家への従属性が、日本統治下朝鮮ではどのように確認できるのか、ここまで見てきた内容を踏まえて述べるとともに、他方で植民地支配の浸透を批判的に阻もうとする教員の存在を取り上げ、支配システムに内側からほころびと停滞をもたらした教員集団の一面にも注目します。

以上六節からなる本書を通じて読者の皆さんが当時の学校教員の姿に迫ることができ、植民地教育について考えるための一助となれば幸いです。

なお、本書では、資料の引用に際しては原文の通り旧かな遣いを用います。ただし、旧字の漢字は原則として常用漢字に改めました。また、引用文中の〔〕内は筆者による加筆です。

一　日本統治下朝鮮の初等学校

1　朝鮮に設置された初等学校

日本統治下朝鮮の初等学校とはどのような存在だったのでしょうか。

一九一〇年から一九四五年までの間、朝鮮半島が日本の植民地であったことは中学校や高校の授業で学んだ人も多いでしょう。植民地としての統治が一九一〇年からとされるのは、同年八月に「韓国併合ニ関スル条約」が締結されたからです（図1）。本書でもおもにこの期間の初等学校に注目します。しかし、日本の朝鮮半島統治の動きは一九一〇年から突然始まったのではなく、実際にはそれ以前からありました。具体的には、「日韓議定書」（一九〇四年二月）、「第一次日韓協約」（一九〇四年八月）、「第二次日韓協約」（一九〇五年一一月）、「第三次日韓協約」（一九〇七年七月）の締結によって、二〇世紀初頭から朝鮮半島の政治に日本が有形無形の影響を強めており、それは教育政策にも及びました。したがって、一九一〇年以降の教育について考えるためにはそうした植民地期前夜の状況との連続性を意識することも大切なことになります。本書のサブタイトルを「日本統治下の朝鮮と初等教員」としているのはそのためでもあります。

本書で注目する初等教育機関に「普通学校*」という学校があります。これも植民地化以前に作られました。当初、普通学校は少数で他の教育機関，例えば朝鮮の伝統的教育機関である書堂**を上回る存在感であったとはいえませんが、植民地期には増え続け、朝鮮における植民地教育を語るうえでは不可欠な存在となります。とはいえ、朝鮮における植民地教育を語る際には、普通学校だけに注目すればよいというわけではありません。「はじめに」でも書きましたが、ここで「教育の対象」を意識することが必要になってきます。

2 「内鮮別学」と「内鮮共学」

日本統治下の朝鮮には日本人の子どももいました。いわゆる在朝日本人の子ど

*普通学校
一九一〇年には一〇〇校であった公立普通学校は一九一七年には四四一校に増加し、その後も「三面一校計画」（一九一九〜一九二二）、「一面一校計画」（一九二九〜一九三六）といった普通学校の増設政策を経て一九三七年には二五〇〇校を超えています。なお、「面」とは朝鮮半島の行政区分で日本の村に相当します。

**書堂
漢文教育を行う私塾。「朝鮮教育令」が制定された一九一一年の時点で書堂は一万六五四〇あり、そこでは一四万一六〇四人が学んでいました。この書堂を教育機関としてどのように評価するかということは、一九世紀末期から二〇世紀初期にかけての朝鮮半島における教育の近代化や普及を論じる際に重要となります。

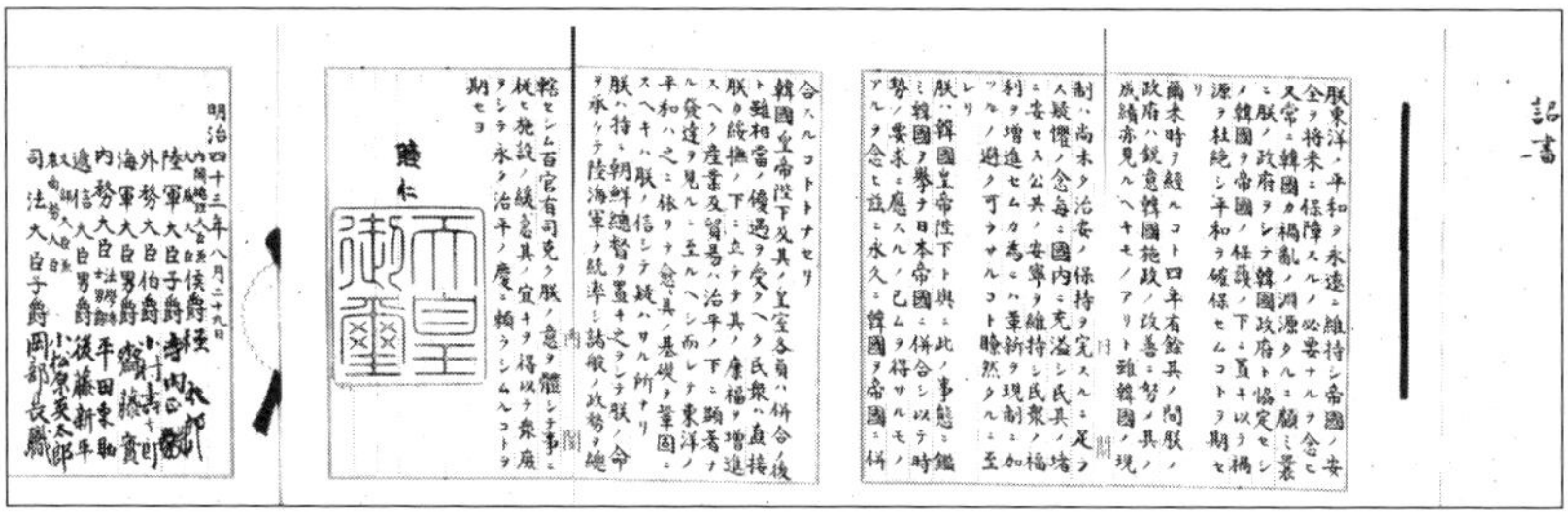

詔書

朕東洋ノ平和ヲ永遠ニ維持シ帝國ノ安全ヲ將來ニ保障スルノ必要ナルヲ念ヒ又常ニ韓國カ禍亂ノ淵源タルニ顧ミ曩ニ朕ノ政府ヲシテ韓國政府ト協定セシメ韓國ヲ帝國ノ保護ノ下ニ置キ以テ禍源ヲ杜絶シ平和ヲ確保セムコトヲ期セリ

爾來時ヲ經ルコト四年有餘其ノ間朕ノ政府ハ鋭意韓國施政ノ改善ニ努メ其ノ成績亦見ルヘキモノアリト雖韓國ノ現制ハ尚未タ治安ノ保持ヲ完スルニ足ラス疑懼ノ念毎ニ國内ニ充溢シ民其ノ堵ニ安セス公共ノ安寧ヲ維持シ民衆ノ福利ヲ増進セムカ為ニハ革新ヲ現制ニ加フルノ避ク可ラサルコト瞭然タルニ至レリ

朕ハ韓國皇帝陛下ト與ニ此ノ事態ニ鑑ミ韓國ヲ擧テ日本帝國ニ併合シ以テ時勢ノ要求ニ應スルノ已ムヲ得サルモノアルヲ念ヒ茲ニ永久ニ韓國ヲ帝國ニ併合スルコトトナセリ

韓國皇帝陛下及其ノ皇室各員ハ併合ノ後ト雖相當ノ優遇ヲ受クヘク民衆ハ直接朕カ綏撫ノ下ニ立チテ其ノ康福ヲ増進スヘク産業及貿易ハ治平ノ下ニ顯著ナル發達ヲ見ルニ至ルヘシ而シテ東洋ノ平和ハ之ニ依リテ愈其ノ基礎ヲ鞏固ニスヘキハ朕ノ信シテ疑ハサル所ナリ

朕ハ特ニ朝鮮總督ヲ置キ之ヲシテ朕ノ命ヲ承ケテ陸海軍ヲ統率シ諸般ノ政務ヲ總轄セシム百官有司克ク朕ノ意ヲ體シテ事ニ從ヒ施設ノ緩急其ノ宜キヲ得以テ衆庶ヲシテ永ク治平ノ慶ニ頼ラシムルコトヲ期セヨ

睦仁

天皇御璽

明治四十三年八月二十九日

内閣總理大臣兼大藏大臣 侯爵 桂太郎
陸軍大臣 子爵 寺内正毅
外務大臣 伯爵 小村壽太郎
海軍大臣 男爵 齋藤實
内務大臣 法學博士 男爵 平田東助
遞信大臣 男爵 後藤新平
文部大臣兼農商務大臣 小松原英太郎
司法大臣 子爵 岡部長職

図1 「韓国併合ニ関スル詔書」の「御署名原本」（1910年、出典：国立公文書館アジア歴史資料センター）

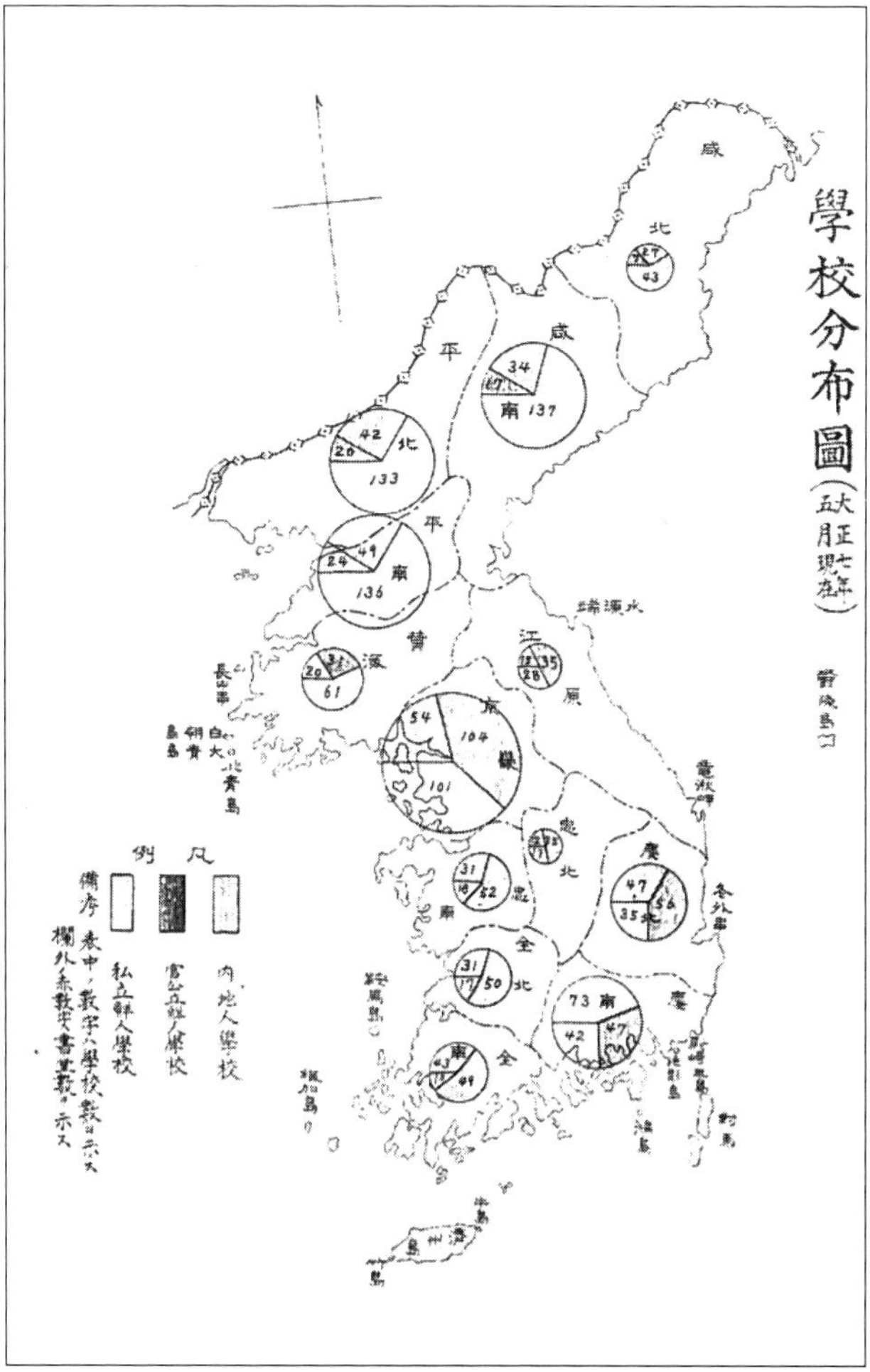

図2 学校分布図（出典：朝鮮総督府学務局『朝鮮教育要覧』一九一九年）

もたちです。そうした在朝日本人の子どもたちが通ったのは普通学校ではありません。彼／彼女らが通ったのは「小学校」であり、当時の日本「内地」の初等学校と同じ名称です。

　つまり、植民地となった朝鮮では朝鮮人を対象とした普通学校と日本人を対象とした小学校があり、「民族」によって通う学校が異なりました。ともに初等教育機関ではありましたが、当初、普通学校は四年制で小学校は六年制、教育の目的や教科、使用する教科書、教員、カリキュラム等が異なり、両者はまったく別の学校でした。日本は朝鮮で「同化」政策を進めたと言われることがありますが、少なくともこうした制度面ではむしろ日本人と朝鮮人の「差異化」と捉えられる実態があり、朝鮮の「時勢」や「民度」に適合という理由によって、普通学校での教育の程度・内容は小学校に比して低く設定されていました（コラム・1参照）。

　こうした、日本人児童と朝鮮人児童の別学、いわゆる「内鮮別学」という制度上の形態に変化が見られたのは一九二二年のことです。それまでは、日本人か朝鮮人かということによって通う学校が決定づけられていたわけですが、一九二二年度からは日本語の使用状況に応じて小学校に通学するのか、普通学校に通学するのかが決定されることになりました。当時のことばでは、「国語ヲ常用スル者」と「国語ヲ常用セサル者」という区分が新たに設けられたのです。ここでの「国語」は日本語のことを指していますので、文字通りの区分にしたがえば、朝鮮人児童であっても日本語を常用していれば小学校に通うことになるため、「内鮮共学」が制度上は可能になったということです。しかし、当時の状況を踏まえると、日本語を常用しているかどうか

○コラム・1

「同化」と「差異化」の植民地教育政策

　一九一一年八月二三日に公布、同年一一月一日に施行された「朝鮮教育令」の中で注目すべきは、朝鮮における教育の理念・基本方針として、「教育ニ関スル勅語ノ趣旨ニ基キ忠良ナル国民ヲ育成スルコト」（第二条）が掲げられたと同時に、教育の程度・内容については、「時勢ト民度ニ適合」（第三条）させることが明記された点です。教育勅語の趣旨に基づいて教育を行い、忠良な国民の育成を図るという日本「内地」と同様の教育理念・方針によって朝鮮人の「同化」を図る姿勢が条文上で示されつつも、教育の程度・内容はあくまで朝鮮社会の現状や展望および朝鮮人の「民度」に応じて日本「内地」とは異なる特徴を持つもの（例えば、簡易・実用教育重視、修業年限の短縮、消極的な中等・高等教育機関の設立・拡充等）として実施することを認める規定でした。こうした教育令の規定は、日本への限定的な「同化」と日本人の優位性を維持・温存するための「差異化」を同時に志向するという、植民地における教育施策の基本姿勢を暗示し、決定づけたものといえます。

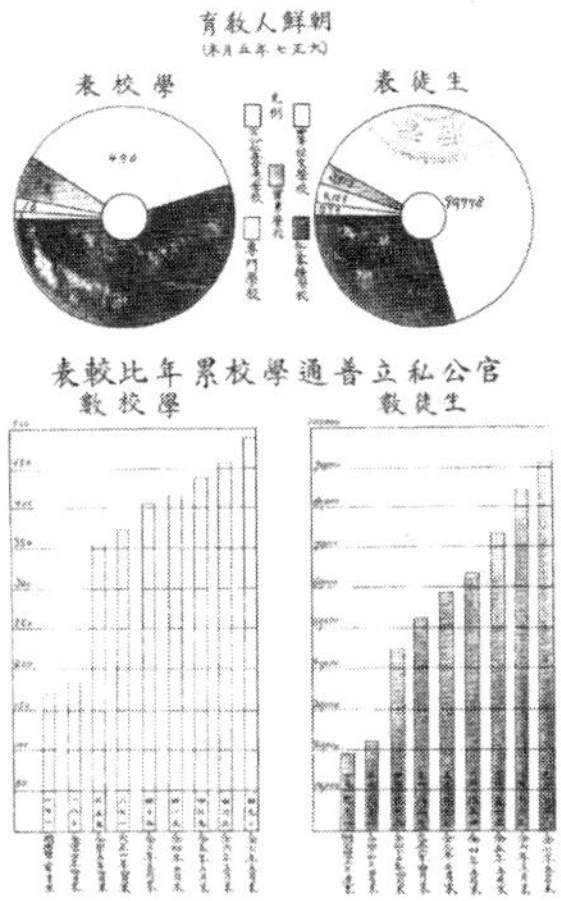

図3　朝鮮人教育の状況まとめ（出典：朝鮮総督府学務局『朝鮮教育要覧』一九一九年）

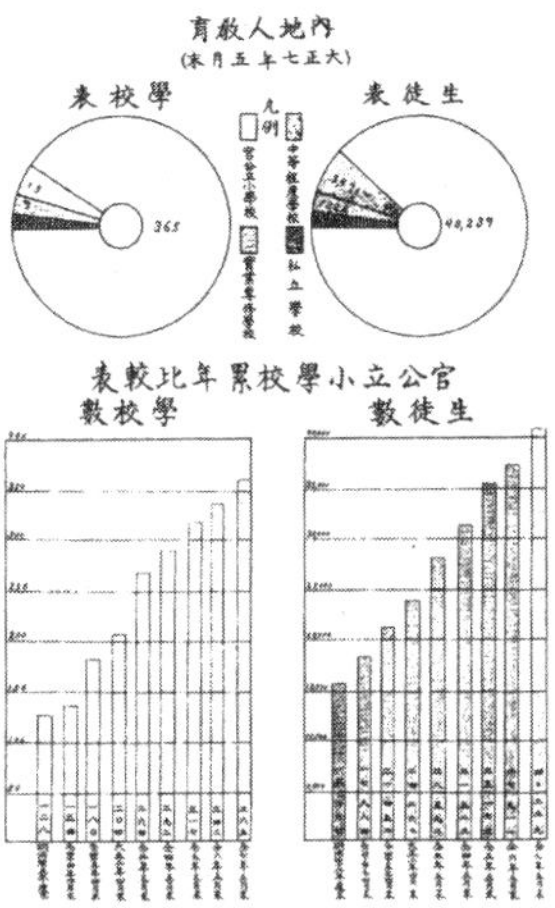

図4　日本人教育の状況まとめ（出典：朝鮮総督府学務局『朝鮮教育要覧』一九一九年）

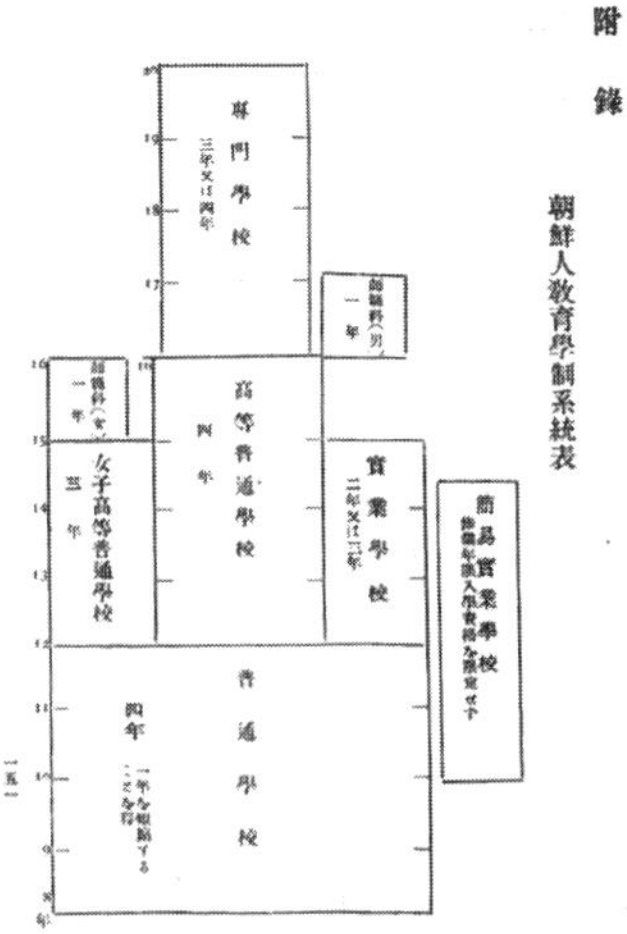

図5　「朝鮮人教育学制系統表」（出典：朝鮮総督府学務局『朝鮮教育要覧』一九一九年）

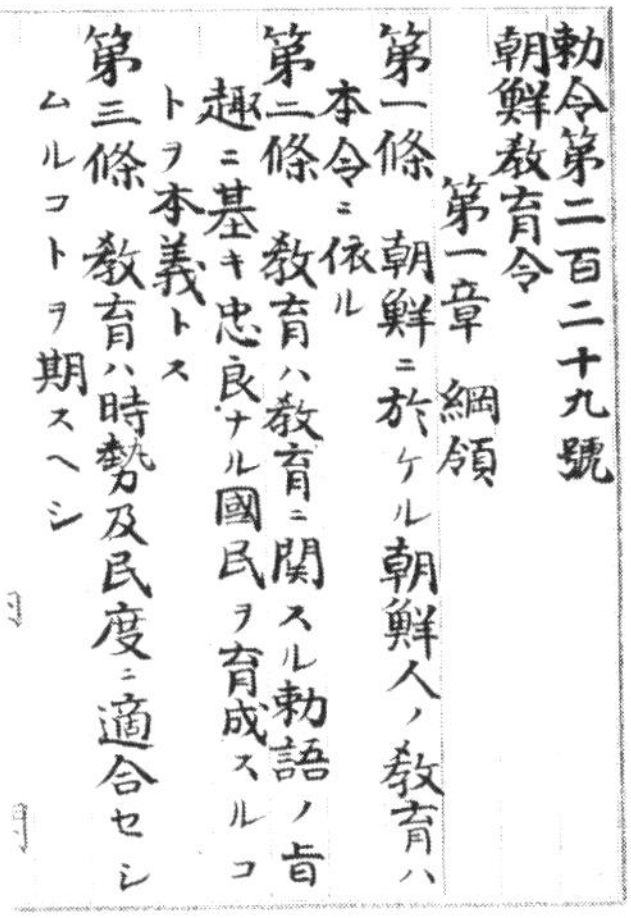
勅令第二百二十九號
朝鮮教育令
第一章　綱領
第一條　朝鮮ニ於ケル朝鮮人ノ教育ハ本令ニ依ル
第二條　教育ハ教育ニ關スル勅語ノ旨趣ニ基キ忠良ナル國民ヲ育成スルコトヲ本義トス
第三條　教育ハ時勢及民度ニ適合セシムルコトヲ期スヘシ

図6　「朝鮮教育令」の「御署名原本」（一九一一年）（出典：国立公文書館アジア歴史資料センター）

写真1　大邱公立普通学校校舎（出典：朝鮮総督府学務局『朝鮮教育要覧』一九二六年）

は、日本人であるか否かと極めて強い相関があったであろうことは軽視できません。その後、一九三八年度からは小学校と普通学校の名称が小学校に統一され、さらに一九四一年度以降はともに国民学校となったため、制度上の「内鮮別学」はよりいっそう見えづらいものとなります。ただ、実際には「おもに日本人児童を対象とした学校」と「おもに朝鮮人児童を対象とした学校」という区分は残り続け、それに応じて修業年限やカリキュラムが異なっていたため、制度上の名称統一によって、「内鮮別学」が「内鮮共学」化したと捉えることには留保が必要です。

二　教員たちの「民族」

1　日本人教員と朝鮮人教員の混在状況

日本の植民地となった朝鮮半島の初等学校には、当然のことながらそこで働く教員たちがいました。その教員たちはいったいどのような人々だったのでしょうか。まずは、教員たちの「民族」に注目してみたいと思います。

前節で述べたように、日本統治下朝鮮の初等学校には当初、朝鮮人児童が通う普通学校と日本人児童が通う小学校がありました。それぞれの学校に勤務した教員の「民族」に注目してみると、この時期、普通学校には朝鮮人教員と日本人教員の両方が勤務していた一方、小学校の教員はすべて日本人教員でした。

ここでは特に、「民族」の混在が見られる普通学校に着目してみましょう。普通学校が小学校と名称を変える一九三七年までの教員数の推移を朝鮮人・日本人という「民族」

別に示したのがグラフ1です。

グラフからは、朝鮮人教員、日本人教員ともに年々その数が増えていたことがわかります。また、いずれの時期においても、日本人教員よりも朝鮮人教員が多数であったことが分かります。こうした状況については朝鮮総督府学務課長を務めた弓削《ゆげ》幸太郎《こうたろう》が一九二三年に著した書物に、「普通学校には校長たる教員の外は概ね朝鮮人を教員とした」［弓削　一九二三］と記しているほか、一九二六年の『朝鮮教育要覧』には、「小学校の職員は全部内地人なるも普通学校の職員は内鮮人を以て之に充て、其の比率公立に在りては内地人三、朝鮮人七」［朝鮮総督府学務局　一九二六］という教員の「民族」内訳に関する説明があります。これらの記述はいずれも一九二〇年代のものですが、グラフ1で確認できるように、数量的には朝鮮人教員が多数を占めるという状況はその後も維持されています。

2　制度上のポストと両者の関係性

では、朝鮮人教員と日本人教員が混在した普通学校ではそれぞれがどのようなポストにつき、また、どのような役割を担っていたのでしょうか。

ポストや担った役割について細かく見ていけば個人レベルで異なるため、朝鮮人教員か日本人教員かという区分で論じようとすること自体には限界があるといえます。しかし、そのことを踏まえても、「民族」によるポストや役割の違いを当時の資料から明確にうかがえる部分もあり、植民地教育について考えるうえではそうした違いを見落とすことはできません。

グラフ1　普通学校教員の「民族」別人数の推移（朝鮮総督府『朝鮮諸学校一覧』各年度版より作成）

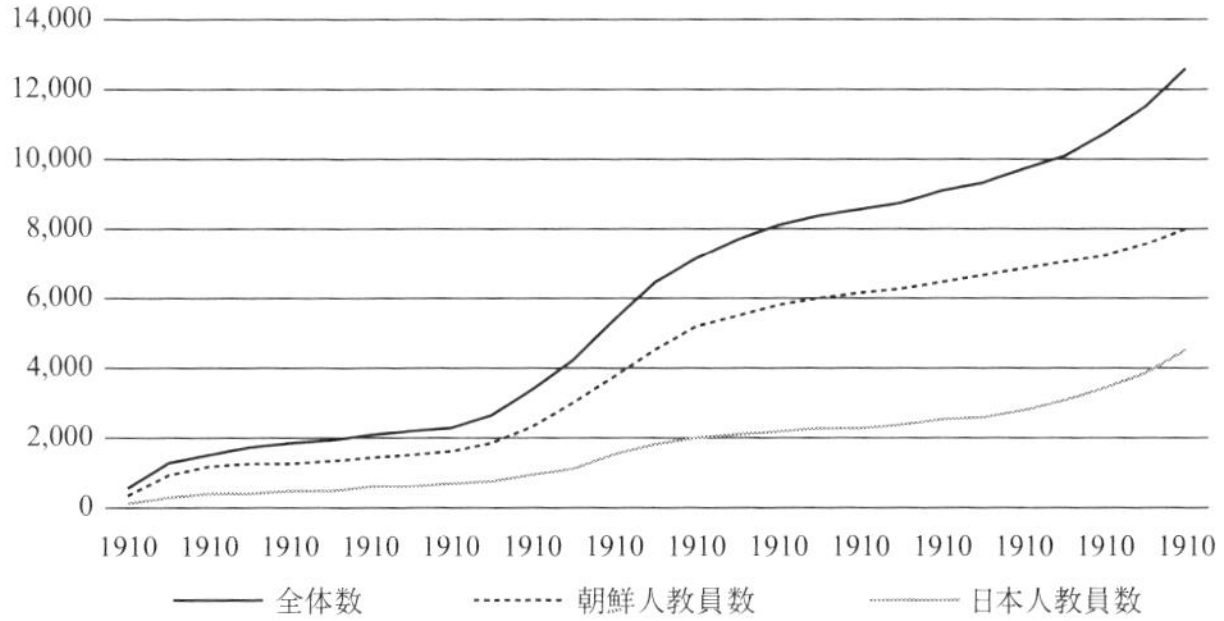

特に朝鮮人教員と日本人教員が混在した普通学校における両者の違いには注目すべきものがあります。前述したとおり、普通学校は朝鮮半島が植民地となる一九一〇年よりも前に開設されていました。朝鮮人児童が通う普通学校では、一九〇六年の制度開始以降、併合後の一九一一年まで校長はすべて朝鮮人教員が務めました。そして、その間、制度上は校長の下に位置づく「教監《きょうかん》」というポストに日本人教員が就くことになっていました。したがって、両者の制度的な立場の上下は明確なのですが、当時の校長（朝鮮人教員）と教監（日本人教員）の関係はそう単純に捉えられるものではありません。この点に関する弓削の記述に注目してみましょう。

学校長は教育令（一九一一年八月二四日に公布された「朝鮮教育令」）実施前までは総て朝鮮人であった。朝鮮人校長の下に内地人教師を採用し之に教監なる職を与へ、学校長を補佐する定めであった。事実にて教監なる内地人が学校長事務を取扱ひ、朝鮮人は殆《ほと》んど名義上の校長たるに止まった。［弓削　一九二三］（傍線は筆者による）

弓削の記述によれば、朝鮮人校長は、「殆んど名義上の校長」であり、教監である日本人教員が実際には「校長事務を取扱」っていたということになります。そして一九一一年以降、普通学校校長にはすべて日本人教員が就くことになり、教監というポストは廃止されました。

前掲のグラフ1でも分かるように、普通学校ではどの時期においても朝鮮人教員が日本人教員に比して多数という状況でしたが、一九一一年を境に両者の制度上の立場は逆転し、学校のトップに日本人教員が校長として、その下に朝鮮人教員が位置づくことになったのです。立場の逆転という大きな変化のように見えますが、もともと植民地化のプロセスや併合直後には、「教監」として実権を握る存在であった日本人教員が、「朝鮮教育令」施行後は校長というポストを獲得することにより、名実ともに普通学校の中心的存在として位置づくようになったということです。

その後、普通学校の校長がすべて日本人教員という体制が続いたのは、一九一九年一〇月まででした。一九一九年一〇月三一日の天長節祝日に「一八名」の朝鮮人教員が校長に任命*されたのを皮切りに、制度的には朝鮮人教員にも校長への途が開かれたことになります。これは、同年三月一日に起きた「三・一独立運動**」後にとられた懐柔策とも捉えることができますが、実際に校長に登用された朝鮮人教員は少数でした。具体的には、一九一九年における公立普通学校の朝鮮人教員は一六五九名ですので、校長に登用されたのがそのうちの一八名となると、彼らは朝鮮人教員全体のわずか約一・一％の存在ということになります。

また、朝鮮人教員の校長登用が開始された翌年の一九二〇年、慶尚北道の「公立学校長会諮問事項答申書」には、「朝鮮人訓導〔正規の初等教員の職名〕ノ校長タラント希望スル結果悪弊《あくへい》ヲ生スル傾向アル」〔慶尚北道　一九二〇〕などと記されており、学校関係者の間では朝鮮人教員が校長になろうとすること自体、歓迎されていなかったことがうかがえます。

*朝鮮人校長の任命
一九一九年十一月の『教育時論』の時事欄には、「鮮人小学校長任命」という見出しの記事が掲載されており、そこには、「朝鮮人待遇改善の一方法として総督府は従来内地人のみ任用せし各公立普通学校長に朝鮮人をも加ふる事となり昨月廿一日天長祝日を機とし京畿道三名各道十二名の割合にて都合十《（ママ）》八名の任命を見たり」〔開発社　一九一九〕とあります。

**三・一独立運動
第一次世界大戦期の民族自決の気運の高まりを背景に朝鮮で起きた大規模な独立運動。多くの民衆が参加し、警察・軍隊に弾圧されながらも運動は朝鮮全土に拡大しました。この運動により総督府はそれまでの武断政治から文化政治に姿勢を転換しました。

3　日本人教員に求められた役割

次に、求められた役割という点では朝鮮人教員と日本人教員にどのような違いを指摘できるでしょうか。

日本人であれ朝鮮人であれ、初等教員として彼／彼女らが共通の役割を有していたことはいうまでもありません。当時の教育活動の主柱は「教育ニ関スル勅語《ちょくご》」であり、また、一九一一年に公布された「朝鮮教育令」だったからです。具体的には、初等学校の教員にはみな、「忠良ナル国民ヲ育成スル」という共通の役割がありました。これは、当時の初等教員という職業そのものに与えられた役割であり、日本人教員、朝鮮人教員の両方に求められた共通の「使命」でもありました。ただし、「忠良ナル国民」の育成を円滑かつ効果的に行なうため、特に日本人教員に対しては、より具体的で戦略的な役割が求められていました。

ここでは特に日本人教員に求められたおもな役割として、「朝鮮人教員の指導」と「地域社会教化の中心的存在」という二点に注目します。

まず、「朝鮮人教員の指導」についてですが、これは日本人教員に求められた役割であると同時に、日本人教員と朝鮮人教員との関係性をうかがわせるものでもあります。ただし、日本人教員による朝鮮人教員の指導という役割は、法令等に明文化されていたものではなく、当時の教育政策に携わった朝鮮総督府関係者が著したものや教育実践の紹介、地方教育関係雑誌などの内容から導き出せるものです。

それらの資料によれば、普通学校の日本人教員は学校内で講習会を開催し、朝鮮人教員を指導すること、また、勤務する学校内だけでなく、地域の私立学校や書堂を巡視し、そこでも朝鮮人教員を指導すべき存在とされていました。それゆえ日本人教員の重要性や指導的立場はたびたび強調され、朝鮮人教員との線引きが明確にされていたのです。

　ではその一例を見てみましょう。一九一六年の温陽《おんよう》公立普通学校では、日本人教員が朝鮮人教員を指導する場として、「職員修養会」を開催し、「勅語奉戴の方法を講究」したり、「道徳教育又は国民教育に関する書籍を種種の方法により解説」することを通じて、朝鮮人教員の「職務に対する信念を深刻ならしむる」ことを図っていました。その他にも、毎月第一土曜日に行なわれていた研究会は、「教授方法に熟達し国語に堪能ならしめんが為め」のものであり、朝鮮人教員の日本語の指導を行う場でした。やはりこの研究会においても日本人教員が指導者となっています［朝鮮総督府　一九一六］。一九三〇年代に入ると、こうした日本人教員による朝鮮人教員の指導は思想面にまで及ぶようになっています。その背景には、一九一九年の「三・一独立運動」後も各地の学校で展開されていた抗日運動の激化がありますが、そうした抗日運動に朝鮮人教員が関わるケースもあったのです。こうした状況を踏まえ、朝鮮人児童・生徒の民族意識を高揚するおそれのある「不穏思想」の朝鮮人教員を出さぬよう、初等学校を含んだすべての公立学校に「細心ノ注意」を払うことが指示される例がみられるようになります*。すなわち、朝鮮人教員の思想面にまで及ぶ指導をその役割とされた日本人教員は、教育の現場が抗日運動の温床と化さぬための監視役としての一面を有していたともいえるのです。

　次に、「地域社会教化の中心的存在」という日本人教員の役割についてみていきます。

　一九一二年の『朝鮮総督府月報』には、「公立普通学校ハ全道各府郡ニ在シ初等普通教育ノ機関タルト共ニ事実地方教化ノ中心」［朝鮮総督府　一九一二］とあります。また、

＊朝鮮人教員の思想「善導」
　例えば、一九三四年の江原道における「公立学校長会議知事訓示及指示注意事項」にみられる指示事項には、「部下職員ノ思想善導ニ関スル件」があります。そこには、日本の植民地支配からの独立を目指すという「不穏」で「危険」な思想に染まる教員がいることを踏まえ、そうした教員による不祥事が起きないように細心の注意払うことが指示されています［江原道教育会　一九三五］。

朝鮮総督府の資料では、「普通学校は国民性の涵養、国語の普及に於て最も重要の機関たるのみならず、一面郷党を指導して地方教化の中心たらしめんことを期して居る」〔朝鮮総督府　一九二五〕と記されているほか、「学校教育を内地と同程度の効果あらしめるためには職員は率先社会教育の尖兵となつて立たなければならない。こゝに朝鮮に於ける教育機関の二重の任務がある」〔朝鮮総督府学務局学務課　一九三九〕といった記述がみられます。すなわち、朝鮮における普通学校は、児童に対して普通教育を行なう学校教育機関であると同時に、地域社会の「教化」を担う社会教育機関としての性格も併せ持っていたのです。したがって、教員たちは単に学校内で児童を教育するのみならず、「地域教化」の担い手として保護者や地域住民たちをも教育する存在だったといえます。

　そして、こうした地域社会の「教化」の中心的存在として期待されたのが日本人教員でした。「社会教化」の実践例を見てみると、教員が担う「社会教化」の内容は多岐にわたっていたことがわかりますが、多くの地域で共通していたのは、国語（日本語）の教育・普及活動や日本の文化、風習を模範とした生活の「改善」活動が行われていたことです。また、一九一九年の「三・一独立運動」後には、朝鮮人の思想を「善導」すべく、日本人教員が「社会教化」活動の一環として、学校外で朝鮮総督による政治の根本方針や朝鮮総督及道長官の諭告等を地域住民たちに対して説示するという例もありました。地域の朝鮮民衆の思想の「善導」についても、その地域の日本人教員を通じて図られていたのです。

　総督府の学務課長を務めた幣原坦《しではらたいら》は、こうした日本人教員の役割に関して、「内地人教師は、朝鮮人教師を率ゐて、只に学校内の児童の訓練のみならず、延《ひ》いて社会の教育にまで指を染めることとなつてゐる。此の事は、教師にとつて随分の重荷であるけれども、朝鮮の如き新教化の浸潤を必要とする地方に於ては、少国民の陶冶《とうや》と共に、多大の価値を有する」［幣原 一九一九］と記しています。

以上のような朝鮮人教員の指導と社会教化の中心的存在という日本人教員の役割は、教育を通じた統治の強化・浸透を図る政略であったと考えられます。同じ教員でありながらも役割に差を設け、日本人を中心とする教員集団を形成することで植民地教育政策の円滑な遂行を狙いとしていたということができるでしょう。そのことは、日本人教員の役割について総督府の学務課長が「多大の価値を有する」ということばを使ったことからもうかがうことができます。

4 「民族」による待遇差

ポストや担った役割の違い以外にも日本人教員と朝鮮人教員との間に「民族」という属性の差を顕在化させるものがありました。それは待遇面での格差です。

日本人教員、朝鮮人教員それぞれの給与に注目してみましょう。給与について論じる際にまず確認しておくべきことは、朝鮮における初等学校教員の制度的な位置づけです。「朝鮮公立学校官制」によれば、公立の初等学校教員は判任官、つまり官吏でした。この地位に基づいて俸給が決定されるという点においては日本人教員と朝鮮人教員との間に違いはありません。しかし、実際の俸給月額を見てみると、日本人教員の俸給月額と朝鮮人教員のそれには大きな差が生じています。では、判任官という制度上の地位は同様であったにもかかわらず、両者の間に待遇差が生じた原因はどこにあったのでしょうか。

着目すべきは、日本人教員のみに支給された「加俸」の存在です。「加俸」とは文字通り本俸に加えて支給される俸給のことです。併合当初は「朝鮮台湾満洲樺太及南洋群島在勤文官加俸令」で、「加俸」について、「判任官ハ〔本俸の〕十分ノ八以内トシ其ノ額ハ本属長官之ヲ定ム但シ試補、司法官試補、大級以下ノ判任官及見習ノ加俸ハ月額七十円迄ヲ給スルコトヲ得」とされ、その後一九二三年には、「朝鮮総督府及所属官署職員ノ加俸ニ関スル件」で、「加俸」の額は「本俸十分ノ六」と規定されました。この「加俸」こそ、日本人教員の俸給月額と朝鮮人教員のそれとの間に大きな差を生じさせた主たる原因でした。日本人が「外地」である朝鮮へ渡って働く際に特別な手当が付けられたこと自体は当時の状況から考えると不自然なことではありません。しかし、ここで見過ごすことができないのは、その「加俸」が日本から朝鮮へ渡った日本人教員のみに支給されたものではなかったという点です。具体的には、朝鮮で生まれ育ち、朝鮮人教員と同様の養成プロセスを経て教員になった在朝日本人二世、三世の日本人教員にもその「加俸」が支給されていたのです。すなわちこれは、日本「内地」から「外地」である朝鮮へ赴任した者に対して支給されるという性格のものではなく、正確には、単に日本人、朝鮮人という「民族」属性に応じて支給の有無が決定されるというものであったといえます。つまり、この「加俸」は日本人が「内地」を離れて「外地」へ赴任することに対する手当としてではなく、日本人であることそれ自体に付与された一種の特権であったと捉えるべきでしょう。日本人というだけで本俸の六〇％の額が支給されたのです。実際に日本人が朝鮮で教員となる際のおもな動機のひとつがこうした経済的優遇であったことは、筆者が当事者たちに対して行ってきたインタビュー調査でもよく語られることのひとつです。加えて、こうした「民族」による明らかな待遇差は朝鮮人教員の不満や両者の不和を生じさせることもありました。

しかし、そうした問題がある一方で、「教員心得」（一九一六年）等を通じて教員たちには「同心」、「同和」、「親和」が求められました。植民地教育を円滑に進めるため、また、朝鮮人の「同化」や「内鮮一体」の象徴としても日本人教員と朝鮮人教員の「同心」、「同和」、「親和」は必須だったでしょう。しかし、実際には「民族」の違いによる待遇差が日本人教員と朝鮮人教員という集団の輪郭をより明確にしたり、両者の関係をこじらせる要因となり、「同心」、「同和」、「親和」関係を構築するうえでの足かせとなることもあったという点は、植民地朝鮮における教員集団の実態を捉えるうえで注目すべきことでしょう。

5　教員の「同化」と「差異化」

ここまで見てきたように、日本統治下朝鮮における初等教員社会の内部には、役割や待遇面で「民族」という属性による差が存在しました。まず役割については、日本人教員に朝鮮人教員の指導や思想の「善導」、地域社会の「教化」活動における「中心的人物」としての役割が求められました。これは、「朝鮮教育令」で規定された、「忠良ナル国民ヲ育成スル」ことを積極的に推進する教員を教員間の指導により学校現場で育てる仕組みや朝鮮人教員の「不穏思想」を監視・予防する仕組みを構築した結果として生じた役割といえますし、また、朝鮮地域社会への統治政策の浸透が日本人教員を中心とする「社会教化」活動によって図られたことによるものでもありました。つまり、教員の「民族」による役割差は植民地統治の円滑化を図る朝鮮総督府の政略による意図的な「差異化」の結果としてあらわれたものであったといえます。

さらに、日本人教員と朝鮮人教員との間には明らかな待遇差が設けられたことにより、教員社会の中では「民族」の輪郭がより明確なものとなっていました。

このように日本人教員が厚遇され、特別な役割を担った背景には、日本人教員の数的劣勢がありました。前述したように、植民地期の初等教育界ではいずれの時期においても日本人教員より朝鮮人教員の方が多く、普通学校では常に三倍程度の差がありました。朝鮮人教員が多数を占める初等教員社会においては日本人教員が多数に制されるというおそれ＊が指摘されることもあり、日本人教員の増員を図ることに加えて、役割やポスト、待遇面での差別化により、「民族」差をあえて可視化することで宗主国側の人間たる日本人教員が主導権を掌握する体制の実現が図られたとも考えられます。この点は日本人教員と朝鮮人教員を「差異化」することに潜在していた植民地政策の戦略であったといえるでしょう。

しかし、こうした「民族」による「差異化」は、一方で強調される「同化」とは理念的に矛盾する関係にありました。ただ、日本人教員と朝鮮人教員を「差異化」することに植民地政策の戦略が潜在していたのと同じく、彼／彼女らを「同化」することにも、植民地経営の円滑化というねらいが込められており、理念的には矛盾する「同化」と「差異化」は、植民地統治の政略の文脈上においては共存可能なものでした。その結果、「差異化」によって生じた日本人教員と朝鮮人教員との差は温存されたままの状態で、初等教育制度の統合（小学校への名称統一、「内鮮共学化」）や朝鮮人教員の「模範的同化」が

＊日本人教員が少数であることについての懸念
　一九一〇年一〇月、京城において普通学校を視察した関口康壽の視察報告には、「自然多数には制せらるる傾ありて、今後同化の目的に向つて其巧力を退うせんは、少くとも五人の教師中二人位の割合を以て日本人教師を配置するの必要ある様感じ申候」［関口一九一〇］とあります。

推し進められていくことになります。

特に、「創氏改名」*をめぐっては、役割、待遇の面で教員社会には厳然たる「民族」差が存在し続けていたにもかかわらず、朝鮮人教員には、児童や地域住民に先んじて「同化」することが求められていました。一九四〇年五月には、朝鮮総督府学務局が各道に指示を出し、教員の創氏状況を調査することとしたため、各道は、教員に対して、率先して創氏を実行するよう通牒を出したり、校長を集めて会議を開き、朝鮮人教員に創氏させるよう指示する等の措置をとったのです。

このように、朝鮮人教員は「日本人」として、ある局面では積極的に「同化」することを要求される一方、役割やポスト、待遇面においては日本人教員との間に明確な線引きがなされるという状況におかれていました。つまり、初等学校における朝鮮人教員とは、日本人との「民族」差を露骨に提示され続けながらも、日本人との「同化」をいち早く果たすことが求められた存在であったといえます。しかし、仮にある朝鮮人教員が自ら日本人との「同化」を強く志向したとしても、待遇、ポスト、役割の面で「民族」の垣根が完全に取り払われることはなく、被支配側の民族であるということが宿命的な桎梏《しっこく》となって文字どおりの「同化」を果たすことはできないという構造にあったのです。これは、朝鮮における教員社会が、「同化」と「差異化」を同時に志向した植民地政策全体の政略に包摂されていたことの証でもあります。こうした当時の状況について、一九三六年から教壇に立った安柄泰《アンビョンテ》という元教員は、「教師も生徒も〝同化〟と〝差別〟の過酷な植民地教育にさらされました」〔安　二〇〇〇〕と回想しています。

このように日本統治下朝鮮における初等教員社会には、厳然たる「民族」差が存在

＊創氏改名
一九四〇年に実施された政策で朝鮮人の名前を変えようとするもの。日本風の氏を創る「創氏」は、日本の「イエ」制度を導入して朝鮮の家族制度を日本化することをねらっており、法的に義務とされました。「同化政策」の象徴的な取り組みとして捉えられがちですが、実際には朝鮮独自の氏の設定や改名が任意であったことなどから、「同化」と「差異化」の両側面がうかがえる政策であったといえます。（詳しくは水野直樹『創氏改名――日本の朝鮮支配の中で』（岩波書店、二〇〇八年）を参照。

していましたが、その差は常に一定のかたちで顕れていたわけではなく、ある場面では「差異化」によって可視的なものとされ、別のある場面では「同化」によって隠蔽されていたのが実状でした。そして、こうした「民族」の可視化と隠蔽には、日本人教員を中心とする初等教育システムの構築や朝鮮人の民族意識抑制、「模範的」朝鮮人像の提示という政略が密接に絡んでいたといえます。ただし、こうした方針での政策実行は、日本人教員と朝鮮人教員との間に軋轢《あつれき》をひき起こす一因ともなり、教員同士の「同心協力」を求めた朝鮮総督府の思惑どおりに功を奏したわけではなかった点も指摘しておかなければならないでしょう。

本節では、教員の「民族」に注目することで植民地教育の現場で働いた教員たちの姿に迫りました。しかし一方で、日本人教員あるいは朝鮮人教員として括られる人々の存在も決して一枚岩でなく、「民族」の違いという捉え方だけでは教員集団の実態を見落としてしまう危険性を孕《はら》んでいます。言い換えれば、教員集団の実態に迫るうえでは、必ずしも教員の属性がすべて宗主国対植民地という関係、すなわち日本人対朝鮮人という民族的な関係に収斂されなければならないということはないのです。そこで次に教員の性別という属性について注目してみましょう。

三　教員社会の中の性別

1　男性教員と女性教員の数の推移

まずは、日本統治下朝鮮における初等学校教員の男女構成について確認してみましょう。初等学校教員の男女数とその内訳を『朝鮮諸学校一覧』の各年度版によって確認すると、男性教員と女性教員はともに増加し続けており、初等学校教員というくくりで見た際には全時期を通じて男性が多数を占めていたことがわかります。ただし、男女混在状況の推移という観点からは、全体に占める女性教員の割合が少しずつ高くなったということを指摘できます。一九一二年の時点では全初等学校教員に占める男性教員の割合が九割を超えており、女性教員は一割にも満たないという状況でした。

グラフ2は、初等学校教員の全体数、男性教員数、女性教員数の推移をそれぞれ示したものですが、一九一二年付近では全体数を示す線と男性教員数を示す線が限りなく接近していることを確認することができます。いうまでもなくこれは教員のほとんどが男性であったことを意味します。しかし、この二本の線は一九二〇年代から一九四〇年代にかけて徐々に離れており、全体に占める男性教員率の低下、すなわち、女性教員の割合が高まる様子を表しています。全時期を通じて男性教員が大多数を占めるという大勢は変わらないものの、一九四三年の時点では男性教員が全体の約七五%、当初は一割にも満たなかった女性教員が約二五%となっている点が注目されます。

2　女性教員増加の受けとめられ方

こうした教員の男女混在の状況とその変化、特に全教員数に占める女性教員の割合が徐々に増えてきたことは教育関係者の間でどのように認識され、また、受けとめられたのでしょうか。一九一九年、植民地化以前から学政参与官として朝鮮の教育行政に携わった幣原坦は当時の女性教員増加に関する評価について次のように記しています。

グラフ2　初等学校教員数の推移（朝鮮総督府『朝鮮諸学校一覧』各年度版より作成）

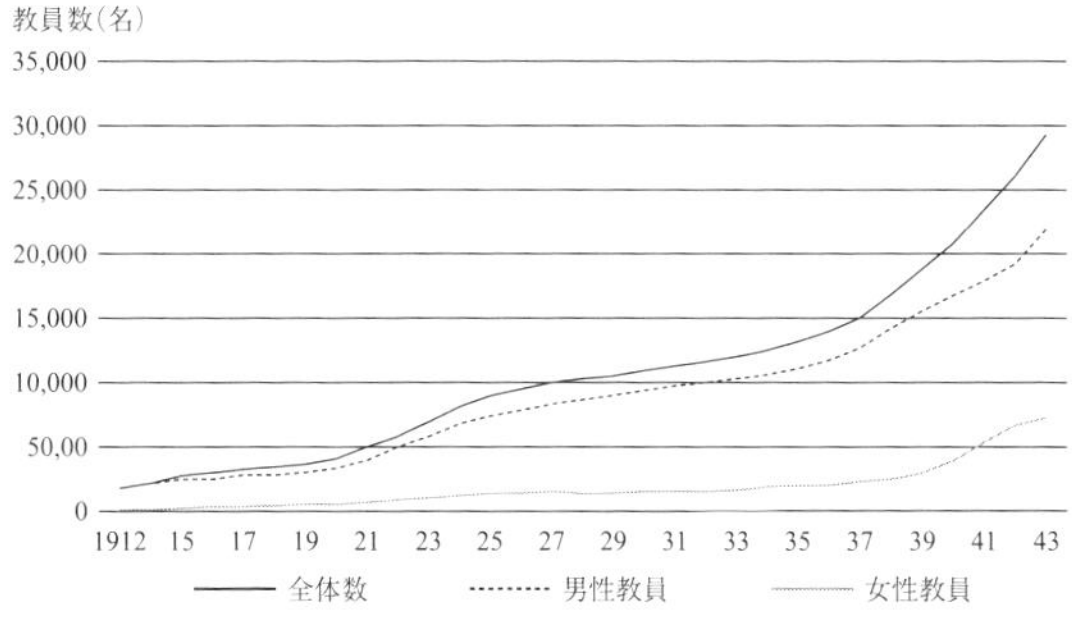

さて今回の視察に於て最も驚いたのは、女子が既に教師となつてゐるのみならず、其の授業がなかなかよかつたことである。十余年前、女子が全く教育社会より除外せられ、女子にして教育を受くる者はなく、況《いわん》や女子にして教壇上の教師となるなどは、まだ考へなかつたが、最近の十年間に、女子が教育社会に猛進し来り、而《しか》もそれが、男子に比して優るとも劣らざる情況を見ては、驚かざらんと欲するも能はぬ。熊川の普通学校を視察した時の如きも、まだ公立となつて間がない処であるに係らず、教師の中には、二名の朝鮮女教員も加はつて、男教員と共に平気で応接すること、豪も内地の学校に於けると異らなかつたが、是等は最も著しい時勢の変化である。［幣原　一九一九］（傍線、ルビは筆者による）

幣原は「最近の十年間」、すなわち一九〇九〜一九一九年の間に、「女子が教育社会に猛進し」て活躍していることを「著しい時勢の変化」として積極的に評価しています。この時期、女性教員の割合は、初等教員全体の中で見ると約一七％にすぎません。まだ圧倒的に男性多数の状況下でも女性教員の存在がクローズアップされ、「女子が教育社会に猛進し」ている状況と捉えられているのです。ただし、ここで女性教員が積極的に評価されているのは、女性教員独自の存在意義ではなく、「男子に比して優るとも劣らざる情況」であり、「男教員と共に平気で応接すること」であった点を見落とすことはできません。つまり、ここで確認できるのは、男性によって形成されてきた教員社会の標準に適合し、男性に「優るとも劣らざる」女性教員の姿ということです。この点の変化については後述しますが、いずれにしてもこうした言説が見られるようになったということは、男性社会であった朝鮮の初等教員社会に女性という存在が意識されだしたということであり、また、教員社会における新たな多様化の動きとして捉えることができるでしょう。

では、女性教員としての役割や特徴の独自性が強調されてはいないものの、その存在が意識されるに至った時期の女性教員はどのように養成されていたのでしょうか。朝鮮で養成される女性教員の場合、この時期は官立女子高等普通学校の師範科において養成されることになっていました。グラフ2でも確認できるように、一九二〇年代に入ると、一年あたりの教員の増加も顕著になりますが、これは朝鮮における教員養成制度が一九二二年に大きな転換を迎えたことに起因しています。同年に改定された「朝鮮教育令」で、師範学校制度を新たに整備するという教員養成の拡充路線がとられたのです。それ以降、植民地期を通じて師範学校（初等教員の養成を行うための独立した教育機関）が漸次増設され、一九二二年の「朝鮮教育令」に先行して設立されていた京城師範学校（一九二一年設立）を含み、最終的には一六校の官立師範学校が設立されました。そしてそのうちの三校（京城女子師範学校・公州女子師範学校・元山女子師範学校）は女子師範学校でした。最初に女子師範学校が設立されたのは一九三五年四月のことであり、その後、一九三八年四月、一九四四年四月にそれぞれ一校ずつ増設されています。つまり、一九二二年に師範学校での教員養成が本格的にスタートしたとはいえ、一三年間は女子師範学校が設立されていなかったということになります。その間、女性教員は京城師範学校内に設置された女子演習科や当初のまま女子高等普通学校の師範科において養成される、または、一九一七年から開始されていた教員試験を受験する等のプロセスを経て教員となっていました。前掲グラフ2でもわかるように、一九二〇年代以降、男性教員の増加数が飛躍的に伸びているのに比して女性教員の増加数が目立たないのは、こうした師範学校設立時期のズレが一因であったといえます。師範学校制度のスタートから女子師範学校が設立されるのに一三年の歳月を要した理由をひとつに求めることはできませんが、朝鮮総督府は師範学校制度の構想段階から女子師範学校設立の時期は男子中心の師範学校を設立・運営し、それが軌道に乗った後という計画を立てていたことが明らかです。師範学校での教員養成がまだ「朝鮮教育令」によって明文化されていない一九一九年の段階で、朝鮮総督府学務局の『第四十二回帝国議会説明資料』には、「女子ヲ収容スル師範学校ハ男子師範学校完成後之ヲ設置スルモノトシ其ノ卒業生ノ出ル迄ハ現京城女子高等普通学校附設教員養成所ヲ存置ス」〔朝鮮総督府学務局　一九一九〕と記されています。

さらに注目すべきは、一九二二年以降、教員の養成はおもに師範学校によって行なわれるようになりましたが、それによって男女に修業年限の差が生じたという点です。それ以前の官立高等普通学校に設置された師範科（男子）と、官立女子高等普通学校に設置された師範科（女子）の修業年限はともに一年でしたが、師範学校での養成は、「修業年限ハ六年トシ普通科五年、演習科一年トス但シ女子ニ在リテハ修業年限ヲ五年トシ普通科ニ於テ一年ヲ短縮ス」と教育令で規定されました。つまり、同等の課程においても男女では修業年限に一年の差が生じることになったのです。先ほど確認したように、初等教員界では全体に占める女性教員の割合が緩やかに、かつ継続的に高まっていました。さらに、そうした趨勢の中で、一九一九年頃から女性教員の存在が注目されるようになったのみならず、一九二二年以降は制度的にも性別を基準とする差（養成段階での修業年限の差）が設けられたり、一九三五年以降は女子師範学校が設立されることなどにより、教員社会に男性・女性という性差がより顕在化したと見ることができます。

3　性別に応じた「適材適所」論

では、こうした性差の顕在化過程でそれぞれの役割や位置づけにはどのような差が生じたのでしょうか。また、そうした差が日本の植民地教育政策とどのような関わりをもっていたのでしょうか。

先ほど確認したように、一九一九年には女性教員が「男子に比して優るとも劣らざる情況」と捉えられていましたが、そこでは女性教員独自の役割や特徴について論じられるということはありませんでした。しかしその後、漸次、女性教員の割合が高まる中で、性別による独自性やそれに応じた役割分担の必要性が説かれるようになります。この点に関しては男性教員よりもむしろ女性教員の独自性や役割が注目されることにより、教員社会内での性差が強調されるというかたちで展開しました。

女性教員がその独自性を活かすべきであるとの観点から朝鮮全土レベルでの研究大会が行なわれたのは一九二五年のことです。一九二五年一〇月一九・二〇日の二日間、京城師範学校附属女子普通学校を会場として、「第一回全鮮女教員大会」が開催されました。会の冒頭、当時京城師範学校校長であった赤木萬二郎《あかぎまんじろう》が、「男と対立し、対抗した時の女ではなく、女は女として、彼女等自身の問題を研究討議すべきことを希望して降壇」〔朝鮮教育会　一九二五〕したという記録が残っています。「女は女として、彼女等自身の問題を研究討議」すべきという赤木のことばどおり、一日目の議題は、「初等教育に於いて女教員の特長を発揮すべき方面如何」とされました。その設定理由の中には、「女には女の特長があり、男には男の特長がある。その特長を自覚して、取るべき態度を明らかにすることは、所謂適材を適所に置くことであり、その結果には必ずよいものがあらう。女教員の適材を適所に置くことは決して無用でない」〔朝鮮教育会　一九二五〕という文言があり、教員の性差を積極的に活用しようとする姿勢を読み取ることができます。

ただ、本会の記録によれば、女性教員独自の役割や「適材適所」論に関する議論は活発には行われなかったようです。大会初日の自由な意見発表、意見交換のために設けられた時間は、「議場寂然として、議長の円滑なる催促にも関《ママ》らず、一人の発表者もない。此の間二三十分」〔朝鮮教育会　一九二五〕という状況であり、大会を取材した記者は、「物足らない心持を禁ずることが出来なかつた。質疑は只一人、意見も辛く二人、会議は誠に活気を欠いた。会員同志御互いに顔見合せて、モヂモヂして居る様子を見れば、『淑かなるが女』といふ伝統的な考があるのではないか。謙遜は常に美徳でない。沈黙は常に金でない」〔朝鮮教育会　一九二五〕という感想を残しているほどです。大会二日目にも女性教員独自の役割について発表・議論する場が設けられたようですが、そこでは女性教員が低学年学級や女子学級の担当をすること、裁縫、家事、手芸教育に従事することなどが特別な理由・説明もなしに列挙されたにすぎません。大会の記録では、女性教員独自の役割や「適材適所」論に関するものよりもむしろ女性教員であるがゆえの苦境やジレンマ*に関する切実な訴えがなされたことのほうが注目されます。

この女性教員大会の四年後の一九二九年に開催された「京城女子教員会」では、朝鮮総督府学務局の福士末之助《ふくしすえのすけ》が、「女性の任務」と題した講演を行なっていますが、その中で福士は、男性とは異なる女性独自の「任務」があるとしながら、その内容には深く踏み込まず、「家庭の人」であることが「女性の本来の職分」と強調しています。さらに福士は、社会に出て働く女性が増加したことに関して、「家庭の婦人たる人が、その働を社会に引伸しただけのことであつて、決して新らしい意味合いをもつたものでない」［福士　一九二九］とも述べています。これを女性教員の場合で考えると、教員であることよりも「家庭の人」であることのほうが優先されるということになります。福士の講演内容は、必ずしも対象が女性教員に限定されたものではありませんが、この講演が、「京城女子教員会」という場で多くの女性教員を前に行なわれたことから、ここでは女性教員に向けたメッセージと見ていいでしょう。このように、女性教員には第一に「家庭の人」であることが求められた以上、女性教員としてのジレンマや苦境が解決することはなかったと考えられます。

次に引用する記述は、こうした女性教員特有の苦境が一九三〇年代に入っても解消されることなく続いていたことをうかがわせます。

> 女教員の場合を考へ見るに、有夫者も独身者も男性より家庭的に雑務があり生活範囲が繁雑であります。有夫の女教員の場合には良き教員として、良き妻として、よき主婦として、よき母として家庭をなごやかに温くすべき務もあり、独身

＊女性教員ゆえのジレンマ
例えば、ある参加者（女性教員）からは、「女教員は学校に於ける生活の上に更に家庭生活を顧慮しなければならない。学校生活に専心であれば、家庭生活におろそかになる。家庭に専心すれば学校に疎かになる。このヂレンマをどうしたらよいか。同時に社会一般がこのヂレンマに挟まつて苦しむ女教員に同情と理解を望む」［朝鮮教育会　一九二五］という発言がなされています。こうした意見が、会場の参加者たちにどれほど共有されていたものであったかということまでは読み取ることができませんが、「第一回全鮮女教員大会」の場では、女性教員独自の役割について具体的発言や活発な議論がなされることはなく、女性教員であるがゆえのジレンマや苦境に対する同情と理解が研究大会の場で嘆願されるのが実状であったといえます。

者の場合には良き教員として、良き娘として、家庭を持つべき種々の準備、修養等の支度もあり、いづれの場合にも男子より余分の仕事が多いと思います。［内尾　一九三四］

一九三〇年代まではこうした苦境を訴える女性教員の主張が散見されますが、一九四〇年代に入ると、女性教員らの論調には変化が見られるようになります。具体的には、女性教員も男性教員と同様の仕事・役割を果たさねばならぬということが強調されることになります。

一九四三年夏に開催された「決戦下女教員錬成講習会並女教員大会」における発表二篇が同年一〇月の『文教の朝鮮』に掲載されていますので見てみましょう。ひとつは「決戦下に於ける女教師の覚悟」、もうひとつは「決戦下女教師の信念」と題した発表で、いずれも国民学校の女性教員によるものです。前者では、従来どおり男性教員とは異なる「女教師としての尊さがあることは云ふまでもありません」としながらも、それまでの女性教員の在り方を次のように省みています

日本婦徳の温順柔和の徳のはき違へが多かつた様に思ひます。従つて積極的に物を考へるとか行ふとか云ふ事が欠けたり、計画的な事柄は女のすべき事でないかの様に自分から躊躇してゐた様に感じられます。殊に少し元気を出せば「女の癖に」と云はれはしないかと云ふ浅はかな感じも手伝つて常に消極的であつた様に反省されます。而し只今はそんな呑気な時ではありません。［立石　一九四三］

先に見た一九二五年開催の「第一回全鮮女教員大会」の「活気を欠いた」状況を踏まえると、女性教員が「消極的であつた」という記述にも首肯できます。しかしここでは、「只今はそんな呑気な時ではありません」とし、女性教員の意識の改変、従来の在り方からの脱却が女性教員自身の立場から訴えられています。また、もうひとつの「決戦下女教師の信念」においても、「師範卒業当時の事を回顧してみますと『女の先生はい丶ですよ』とか『女の先生は御都合がよかつたら手伝つて下さい』とかおつしやる校長先生や男の先生方の御言葉に甘へて、授業以外の事は大抵免除され、それを又当り前の様に思ひ込んでゐたと言ふのは必らずしも私だけではないと存じます」〔外里　一九四三〕と、従来の女性教員の在り方を省みたうえで、「総力戦となつた今時『男のすることは何でも出来るはづだ、やつて見よ』と言はれて、女乍らも戦闘帽を被り、銃剣術をならひ、教練を受け、朝礼台の上に立つて週番の任務を果し、私共がやるべき仕事の全部を経験してみて、始めて今迄の弱々しい消極的な依頼心の強い自分の姿がわかつた様に思ひました」〔外里　一九四三〕と、新たな女性教員のあるべき姿に近づこうとする自らの体験が記されています。

しかし、戦時下において男性教員同様ということが強調されても、一方では、「国民の母」、「良妻賢母」という女性像の体現が求められ、以前から存在していた女性教員としての苦境やジレンマは解消されることなく残存したと考えられます。ただ、そうした状況を嘆き、周囲に理解と改善を求めるという、それまでの女性教員の態度は表面上見られなくなり、かわりに教員としての「本分」をいかに全うするかということについての意志表明や呼びかけが目立つようになります。つまり、女性教員自身による主体的な営みによってその在り方や役割意識が変化したというよりも時勢や社会的要請により模範的な女性教員像が改変、あるいは新たに作り上げられ、周囲からのまなざしという目には見えない圧力により女性教員自身もそれに追従していたのが実状だったといえます。

4　性別と「民族」差の重なり

次に日本統治下朝鮮における教員集団独自の特徴を捉えるために、ここまで見てきた性別と前節で注目した「民族」という属性を関連させてみます。

女性教員といってもその集団内には、日本人の女性教員と朝鮮人の女性教員の両方が含まれています。女性教員の「民族」混在状況について概観すると、日本人女性教員、朝鮮人女性教員ともに年々増加傾向にありますが、特に朝鮮人女性教員の増加が著しい状況です。ちなみに、先に確認した、『朝鮮教育論』で、幣原坦が女性教員の「猛進」に言及したのは一九一九年のことであり、この年の普通学校の日本人女性教員は朝鮮人女性教員の半数程度でした。

また、一九三五年以降設立された女子師範学校には日本人生徒と朝鮮人生徒の両方が在籍していました。表1は、京城女子師範学校が設置された際に入学した生徒の「民族」内訳についてまとめたものです。設立当初はいずれの学科、学年においても日本人生徒より朝鮮人生徒が多いことが確認できますが、朝鮮総督府の『朝鮮諸学校一覧』によれば、漸次、日本人生徒の占める割合が増え、一九四三年には、すべての学科に

表1　京城女子師範学校生徒の「民族」内訳（1935年）

学科・学年	生徒数		計
	日本人	朝鮮人	
尋常科1年	43	57	100
講習科	20	30	50
演習科1年	40	59	99
演習科2年	37	59	96
計	140	205	345

（京城女子師範学校『官立京城女子師範学校一覧』、1935年参照）

おいて日本人生徒のほうが多数となりました。一方、一九三八年に設立された公州女子師範学校は、尋常科は過半数が朝鮮人生徒、講習科は過半数が日本人生徒です。いずれにせよ、日本人生徒と朝鮮人生徒が混在し、男子生徒が通う他の師範学校に比して「民族」的な均衡がある程度保たれていた点は女子師範学校の特徴です。*

つまり、女子師範学校には、日本人生徒、朝鮮人生徒がともに一定数おり、両者は女子教員養成独自の教育理念・方針の下で共に教育を受けたのです。この点において両者は、対男性教員という共通の枠内に位置づきます。しかし、教育内容について詳しく見ていくと、同じ女子師範学校の生徒でも日本人と朝鮮人との間には「国語」(日本語)の教育のあり方に違いがありました。**

こうした性別と「民族」差の重なりに注目すると、日本人男性教員/日本人女性教員/朝鮮人男性教員/朝鮮人女性教員という四者間の境界線が浮き彫りとなります。いうまでもなく、この四者に分けることだけでは朝鮮における初等教員の実態を説明し尽くすことはできません。実際には、さらにその内部の多様性や境界を往来して崩すような個人の存在、あるいは「民族」や性別以外の属性にも着目する必要があるでしょう。ただ、ひとりの教員が当時、「日本人であること」や「男性であること」は通常、本人の意思による改変や隠蔽が容易ではなく、その意味では、「民族」や性別が当時の教員社会の中では彼/彼女らを特徴づけ、分類する一種の「タグ」であったといえます。

では、「民族」や性別に違いをもつ教員間には、さらにどのような差を確認することができるのでしょうか。役割や特徴という側面については、「民族」、性別それぞれについて個別に見てきましたので、ここでは、「民族」と性別の差を重ねることによって浮

*師範学校の生徒
男子が通う師範学校の場合、京城師範学校では日本人生徒が、その他の師範学校では朝鮮人生徒が圧倒的に多数という状況が長い期間続いています。

**女子師範学校での教育の違い
京城女子師範学校の『官立京城女子師範学校一覧』には、各学科の科目およびその時数が表記されていますが、演習科と講習科の表の備考欄には、「国語、漢文、朝鮮語ハ国語ヲ常用スル者ニ国語朝鮮語及漢文ハ国語ヲ常用セザル者ニ之ヲ課ス」[京城女子師範学校 一九三五]とあります。この表記ではわかりづらいので補足すると、「国語・漢文」、「朝鮮語」の二科目は「国語ヲ常用スル者」に、「国語」、「朝鮮語及漢文」の二科目は「国語ヲ常用セザル者」に課すものとされ、実質的に日本人生徒と朝鮮人生徒の教育内容には差が生じていたことになります。また同様に、講習科の表には、「朝鮮語ハ国語ヲ常用スル者ニ朝鮮語及漢文ハ国語ヲ常用セザル者ニ之ヲ課ス」[京城女子師範学校 一九三五]とされています。

き彫りになる、日本人男性教員／日本人女性教員／朝鮮人男性教員／朝鮮人女性教員という四者の待遇差について確認してみましょう。

日本人教員と朝鮮人教員との給与差については前節でも確認しましたので、ここではまず、男性教員と女性教員との間にも待遇差があったことに注目してみましょう。例えば、一九二二年の『慶尚北道教育及宗教一斑』によると、慶尚北道の小学校教員の俸給月額平均は男性が一〇三・二九円であるのに対し、女性は八一・一六円です（当時の大卒銀行員の初任給は四〇円程度）。この時期における小学校は日本人児童を対象とした初等学校であり、教員はみな日本人であったため、小学校では教員の「民族」差を関連させることができない一方、普通学校には日本人教員と朝鮮人教員が混在していたため、性差と「民族」差を重ねてそれぞれの待遇状況を明らかにすることができます（表2）。

いずれも月俸平均額が高いのは、日本人男性教員、日本人女性教員、朝鮮人男性教員、朝鮮人女性教員の順で、男性／女性、さらに、日本人／朝鮮人といった属性による給与に差が確認できます。特に日本人男性教員と朝鮮人女性教員とでは、「民族」と性別とを異にしており、その月俸平均額には大きな差が生じていますし、日本人女性教員と朝鮮人男性教員との差は、性別による待遇差（男性教員の俸給が女性教員の俸給に比して高い）という単純な構図を崩すものでした。

このように四者は、「民族」と性別による重層的な差異によって関係づけられ、植民地社会独自の教員集団を形成していました。

男性教員／女性教員、あるいは日本人教員／朝鮮人教員の間に存在した給与差は、性差や「民族」差を基準として生じたものではなく、純粋に教員経験年数および所有

表2　普通学校での教員俸給月額の違い（円）

	1922年	1923年	1930年代*
日本人男性	121.44	119	112
日本人女性	72.8	74	81
朝鮮人男性	60.07	48	55
朝鮮人女性	45.62	46	48

『慶尚北道教育及宗教一斑』（1922,1923）をもとに作成。
*朝鮮全土の普通学校教員の俸給月額平均

資格の差が俸給に反映された結果であるという見方もできますが、勤務年数の長い者や給与が高い第一種教員*が男性や日本人に偏在していたこと自体も朝鮮初等教員界における性差および「民族」差の特徴として捉えることができるでしょう。

四　朝鮮における教員の養成と確保

日本統治下朝鮮では初等教育機関の増設が続いたことに伴い教員需要が高まりました。しかし実際には十分な教員の供給・確保ができず、慢性的な教員不足が続きました。こうした状況の中で、朝鮮ではどのように教員の養成がなされていたのか、また、朝鮮内での養成以外の方法でどのように教員の確保が図られたのかという点について注目します。

1　朝鮮の教育機関での養成

まずは、朝鮮に設立された教育機関での教員養成について概観します。

日本統治下朝鮮には、一九一〇年の「併合」以前に唯一の官立教員養成機関として漢城師範学校が存在していましたが、同校は一九一一年の「朝鮮教育令」により廃校となり、その後は朝鮮総督府中学校附属臨時小学校教員養成所、官立高等普通学校の附属臨時教員養成所、師範科、教員速成科、官立女子高等普通学校の師範科において行なわれました。つまり、朝鮮における初等教員の養成は独立した教員養成機関においてではなく、中学校や官立高等普通学校といった中等学校の附属機関、およびひと

＊朝鮮の初等学校における教員の区分
　朝鮮の初等学校には第一種教員、第二種教員、第三種教員という身分上の区分があり、第一種教員は小学校本科正教員相当、第二種教員は尋常小学校本科正教員相当、第三種教員は小学校准教員および尋常小学校准教員相当とされていました。

つの科において行なわれることとなったのです。

しかし、こうした養成の在り方では教員需要の高まりに応えることができなくなり、教員不足の打開策として講じられたのが新たな師範学校の設立です。具体的には、一九二二年のいわゆる「第二次朝鮮教育令」により、「師範教育ヲ為ス学校ハ師範学校トス」と規定され、臨時小学校教員養成所や高等普通学校の師範科は漸次廃止されることになりました。こうして朝鮮には師範学校による教員養成制度が敷かれ、京城師範学校（写真2）の開校を皮切りに一九二三年までにすべての道に公立の師範学校が設立されます（表3）。しかし、こうした教員養成制度の整備・拡充によって朝鮮における初等教員の供給力が向上したにもかかわらず、それを上回る需要によって教員不足は続きます。一九二四年、朝鮮総督府学務局編輯課長であった小田省吾《おだしょうご》が、「各道に師範学校を設けて特科並に講習科を置いて之に依つて教員を急速に養成して補充を計つて居る次第であります。斯う云ふ風にして師範教育を認めて教員を養成して居るのでありますが、学校の増設に就ては中々教員が足らぬのであります」［小田　一九二四］と述べているように、すべての道に新設された師範学校での教員供給力では、必要な教員を充分に確保することができなかったのです。その後、師範学校制度の改変を経ても教員の供給が需要を上回ることはなく、総督府は常に教員不足の問題に直面していました。

2　教員試験の実施

日本統治下朝鮮では教育機関での教員養成以外の方法でも教員の確保を図っていました。そのひとつが朝鮮独自の教員試験の実施です。

写真2　京城師範学校校舎（出典：朝鮮総督府学務局『朝鮮教育要覧』一九二九年）

教員試験は、一九一六年一〇月九日、「小学校及普通学校教員試験規則」が定められたことにより、朝鮮における新たな教員確保形態として制度化されました。この時期はまだ師範学校での教員養成体制が整っていなかったことを踏まえると、教員試験には教員不足という窮状打開の期待が寄せられていたといえます。

一九一七年以降も、いわゆる「三面一校計画」や、「一面一校計画」、「第二次朝鮮人初等教育普及拡充計画」等の政策を通じて初等学校は増加の増加し続けますが、このような一連の初等学校増設事業の比較的早い段階において教員試験は朝鮮における教員確保の一形態として誕生しました。そして、この教員試験は、「教員試験規則」公布の翌一九一七年以降、日本「内地」の検定試験とは異なる朝鮮独自のものとして毎年実施されることになりました。

試験には第一種試験、第二種試験、第三種試験という三つの種類が存在しており、これらの試験に合格した者はそれぞれ師範学校卒業程度、すなわち小学校本科正教員相当（一種）、師範学校尋常科（特科）卒業程度、すなわち、尋常小学校本科正教員相当（二種）、小学校准教員および尋常小学校准教員相当（三種）とされました。また、第一種試験および第二種試験は朝鮮総督府が行ない、第三種試験は各道が行なうこととされていました。

朝鮮における教員試験の合格者には証書が与えられ、その後、合格者は各道庁の学務課に依頼を出しておけば、各地域の必要に応じて採用されるという流れになっていました。なお、「教員試験規則」によって受験資格や年齢制限は特に定められてはいませんが、各道が行なう第三種試験を受験できるのは朝鮮人のみとされていました。

表3　京城師範学校に加え、1929年以降に設立された官立師範学校

設立年	学校名
1929年	大邱師範学校
	平壌師範学校
1935年	京城女子師範学校
1936年	全州師範学校
1937年	咸興師範学校
1938年	光州師範学校
	公州女子師範学校
1939年	春川師範学校

設立年	学校名
1940年	晋州師範学校
1941年	清州師範学校
1942年	新義州師範学校
1943年	大田師範学校
	海州師範学校
	清津師範学校
1944年	元山女子師範学校

一九一七年の第一回教員試験では三七名の合格者を出すに過ぎませんでしたが、漸次その数は増加し、試験実施二〇年目の一九三七年には三〇〇名、翌一九三八年には四九二名の合格者を出し、その後、一九四〇年代に入っても教員試験によって新たに教員として採用される人数は毎年約四〇〇名程度でした。朝鮮総督府の「昭和十八年度以降四ヶ年間ノ国民学校教員需給状況」によれば、一九四五年には三三〇名、翌一九四六年には四〇〇名を試験による採用者として確保する見込みであったことがわかります。

このように教員試験は不足する教員を補充する機能を有しており、一定の成果を挙げたといえますが、合格者数と新規採用教員数の不一致や受験者の属性、受験動機等を見ると、この試験が単に教員不足という窮状打開のためだけの施策ではなかったことがわかります。四〇〇名ほどの教員が教員試験によって確保されていたことについて言及しましたが、この時期の試験合格者数は約一〇〇〇名であり、その中には、現役の教員たちが数多く含まれています。具体的には、第三種試験に合格後、第二種教員として現職にある者が第二種試験を受験するケースや、第二種教員（師範学校尋常科・特科卒業の教員を含む）が第一種試験を受験するというものです（図7）。すなわち、教員試験を受験する者には新たに教員になろうとする者だけではなく、キャリアアップを図る現職の教員たちが多数含まれていたのです。このように教員試験の実施は、不足する教員の補充と教員の資格向上という二重の要求に応えるものであったともいえます。

図7　教員試験問題（第一種）（出典：朝鮮公民教育会『小学校普通学校教員試験要諦並問題集』一九三五年改訂増補版）

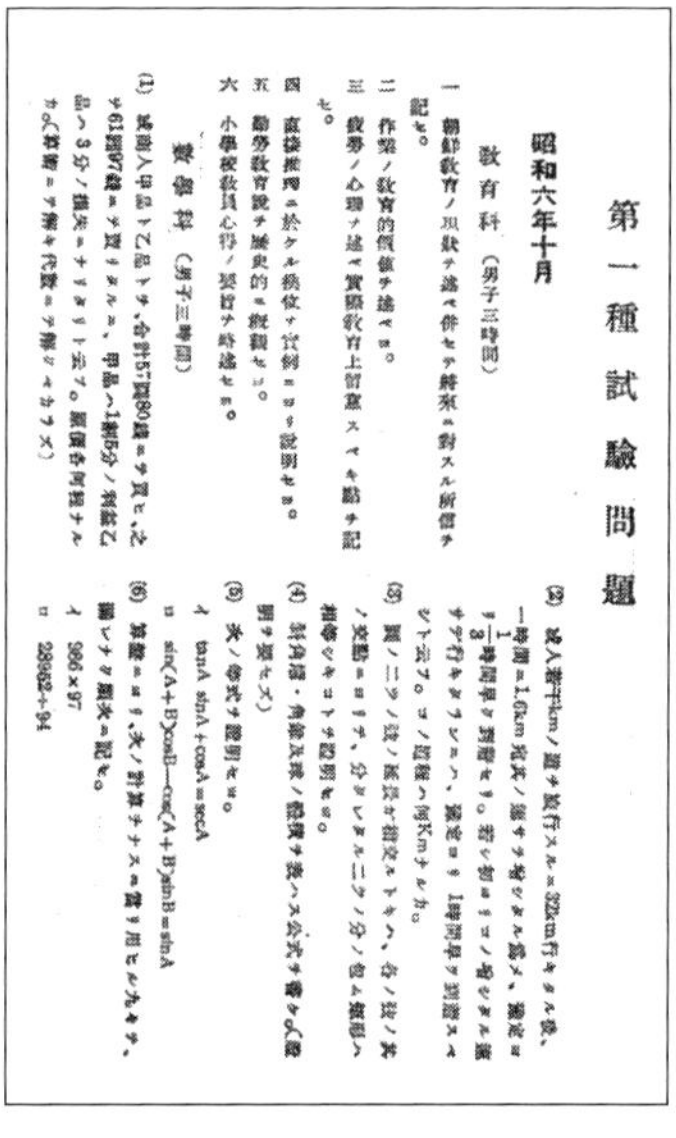
第一種試験問題

昭和六年十月

教育科（男子三時間）

一　朝鮮教育ノ現状ヲ述ベ併セテ将来ニ対スル所信ヲ記セヨ。

二　作業ノ教育的価値ヲ述ベヨ。

三　教学ノ心理ヲ述ベ実際教育上留意スベキ点ヲ記セ。

四　直観教授ニ於ケル教授ト訓練ニ就キ説明セヨ。

五　勤労教育説ヲ歴史的ニ概観セヨ。

六　小学校教員心得ノ要旨ヲ略述セヨ。

数学科（男子三時間）

(1) 某商人甲品ト乙品トヲ、合計57圓80錢ニテ買ヒ、之ヲ61圓97錢ニテ賣リタルニ、甲品ハ1割5分ノ利益乙品ハ3分ノ損失ニナリタリト云フ。原價各何圓ナルカ（算術ニテ解キ代數ニテ解クベカラズ）

(2) 或人若干kmノ道ヲ歩行スルニ3.2km行キタル後、一時間ニ1.6km宛其ノ速サヲ増シタル為メ、豫定ヨリ$\frac{1}{3}$時間早ク到着セリ。若シ初ヨリ其ノ増シタル速サデ行キタランニハ、豫定ヨリ1時間早ク到着スベシト云フ。其ノ道程ハ何Kmナルカ。

(3) 圓ノ二ツノ弦ノ延長ガ相交ルトキハ、各ノ弦ノ其ノ交點ニヨリテ、分タレタル二ツノ分ノ包ム矩形ハ相等シキコトヲ証明セヨ。

(4) 斜角錐・角錐及球ノ体積ヲ表ハス公式ヲ書ケ（証明ヲ要セズ）

(5) 次ノ等式ヲ証明セヨ。

イ　$\tan A \sin A + \cos A = \sec A$

ロ　$\sin(A+B)\cos B - \cos(A+B)\sin B = \sin A$

(6) 算盤ニヨリ、次ノ計算ヲナスニ當リ用ヒシ九々ヲ順ヲ追ヒテ順次ニ記セ。

イ　986×97

ロ　28962÷94

3　日本からの教員招聘

朝鮮の教育機関での養成と教員試験のほかにも、教員不足を打開するひとつの手段として、日本からの教員招聘がありました。これは日本の師範学校新卒者や現職教員が朝鮮総督府の招きに応じて朝鮮に渡って教壇に立つというものであり、日本統治期を通じて行われた事業です。

不足する教員を確保するということに加え、日本生活者としての知見を有し、日本「内地」の実情に明るい招聘教員は、朝鮮人児童、朝鮮人教員、さらには朝鮮で養成された日本人教員に対しても「内地」の象徴的存在となり得る人材であったため、その増員には単に不足分を補うということ以上の積極的な意義があったと考えられます。

朝鮮総督府は日本からの教員招聘に積極的でしたが、一九二〇年代の総督府の資料には、「内地教員の招聘困難」〔朝鮮総督府　一九二三〕という文言があらわれます。さらに、教員不足が深刻化していた一九三〇年代後半から一九四〇年代には教員招聘はますます停滞していたようです。

一九三八年には、外務省の「在外学校教職員ノ内地ヨリ出向ニ関スル件」に、「近年朝鮮台湾満洲等ヨリノ需要激増シ来タル結果内地各府県ニ於テハ著シク正教員ノ不足ヲ生スルニ至リ従来ノ通海外ヘノ出向ヲ無制限ニ認ムルニ於テハ勢代用教員ヲ以テ之ヲ補充セサルヘカラサル事ト成リ各府県教員ノ素質ヲ著シク低下セシムル処アルニ鑑ミ既ニ海外又ハ外地ヘノ出向ヲ制限セル府県モ少カラサル有様ナリ」〔外務省　一九三八〕（傍線は筆者による）とあります。こうした、「外地」への教員派遣の「制限」の影響が、一九四〇年代にあらわれ、教員招聘の困難化がより深刻なものになります。例えば、一九四一年度、朝鮮から日本「内地」に要求された初等学校教員数は、一一三一名であったのに対し、実際に配当されたのは四六三名、一九四二年度は要求数二四四八名に対して配当数五一六名という状況でした。また、一九四三年度には、朝鮮から日本に要求された教員数が一〇〇〇名であったのに対し、配当数はわずかに一〇〇名でした。このように、実際に日本から渡って来た教員の数は、いずれも朝鮮総督府が要求した人数には程遠く、総督府の思惑どおりには教員が確保されなかったというのが実状でした。しかもこの一九四三年度は、前年度（一九四二年度）に、要求数の五分の一程度しか教員を招聘することができなかった結果を踏まえたうえで、「朝鮮ニ於ケル国策的見地ヨリ教職員ノ素質ヲ向上シ皇国臣民教育*ノ徹底ヲ期センガ為之ガ給源ヲ是非内地ヨリ仰ガントスルモノナリ」〔朝鮮総督府学務局　一九四三〕と、教員招聘の意義と必要性を説き、教員の配当を懇願していたにもかかわらず、要求数のわずか十分の一しか配当されないという結果だったのです。「国策的見地ヨリ」、「皇国臣民教育ノ徹底ヲ期センガ為」といった文言のもとに、日本人教員の招聘・確保を図ろうとしていた点にこそ植民地政策の戦略があったわけですが、実際の招聘教員数を見れば、そうした総督府の教員政策が困難を極めていたことが明らかです。こうした招聘事業の停頓は、朝鮮の教員不足問題を深刻化させる一因でもあったと同時に、教員社会の中で日本人教員の割合が低下するという問題でもありました。これは、単に「民族」の均衡が量的に保てなくなるということを意味するだけでなく、教員社会の先導者たる日本人教員（しかも、日本「内地」生活者としての知見を有する者）の「不在」という、植民地教育の政略にも影響を及ぼしか

＊皇国臣民教育
朝鮮の児童・生徒たちを大日本帝国の臣民とするための教育。一九三七年には「皇国臣民ノ誓詞」が発布され、その児童用には、「一、私共ハ大日本帝国ノ臣民デアリマス　二、私共ハ心ヲ合セテ天皇陛下ニ忠義ヲ尽シマス　三、私共ハ忍苦鍛錬シテ立派ナ強イ国民トナリマス」とあります。

ねない事態であり、朝鮮総督府にとっては深刻な懸念事項だったといえます。

五　教員たちによる教育実践研究

1　朝鮮における教育実践研究活動の存在

日本統治下朝鮮では、学校での教育実践が朝鮮総督府による教育政策によって方向付けられたことはいうまでもありませんが、政策レベルで決定した教育内容が各学校での実践に至る過程には教育現場での指導を担った教員らによる教育実践研究が介在していました。ここでいう教育実践研究とは、教員が自らの教育理念や思想、日々の実践に基づいて教育活動の内容・方法論について吟味・探究する営みであり、その経過や成果をまとめたものが各種媒体（図書や雑誌、研究会報告書等）を通じて発表されたものを指します。また、それらが教育実践についての理解の深化や情報の共有を主たる目的として行なわれたという点も特徴です。当然、こうした教育実践研究は教員らによる政策理解とも密接にかかわるものといえます。

教育政策と教育現場の間をつなぎ、日本統治期に一定の蓄積を見た教育実践研究の存在は植民地教育の実態に迫るうえでも注目に値するものです。一九二〇年代には、京城師範学校の初代校長を務めた赤木萬二郎が、「今や朝鮮に於ける教育各種の施設が、その形式に於て整備を見るに至りしことは、吾人の欣懐《きんかい》措《お》く能《あた》はざる所なりと雖《いえど》も、一度その実質内容如何を吟味する時は、更に大いに吾人の真剣なる努力、真面目なる研究を要するものあるを信ず」〔赤木　一九二四〕と述べているように、朝鮮における教育の「実質内容」の吟味が教員らによる研究によって行なわれるべきだという認識がありました。

そこで、朝鮮における教育実践研究の内容やその特徴について見ていくことにします（図8）。

2　朝鮮初等教育研究会について

朝鮮における教育実践研究を牽引した組織のひとつに朝鮮初等教育研究会があります。朝鮮初等教育研究会は、「朝鮮ニ於ケル初等教育諸般ノ事項ニ関シ、研究調査発表ヲナシ其ノ進展ニ寄与センコトヲ目的」［京城師範学校　一九二九］として一九二二年に京城師範学校附属の学校内に設置された研究組織です。

同研究会の研究活動の成果を発表・公開する手段として、一九二八年四月には『朝鮮の教育研究』（図9）が創刊され、毎月発行されました。同誌の刊行目的について京城師範学校の「雑誌刊行規定」第二条には、「本誌ハ朝鮮ニ於ケル初等普通教育実務者ノ伴侶トナリ教育ノ実際ヲ通シテ師道ヲ発揚スルコトヲ以テ主義綱領トス」［京城師範学校　一九二八］とあります。また、研究会初代会長となった赤木萬二郎は創刊号に寄せた巻頭文の中で、「朝鮮の環境民度を顧慮して実際的見地に立ちて以てこの聖代に酬る所以の攻究を遂ぐるの概なかるべからず。吾等同人は、内地に於ける『教育研究』『学校教育』に対立せる、熱と力と意気とに富みたる『朝鮮の教育研究』として是所に微衷を捧げんとす」［赤木　一九二四］と述べ、朝鮮独自の教育学術雑誌発刊の重要性に触れています。

赤木は朝鮮の実情を踏まえた教育研究の必要性を説いているのですが、その発言の中に登場している『教育研究』、『学校教育』とは、それぞれ東京高等師範学校、広島高等

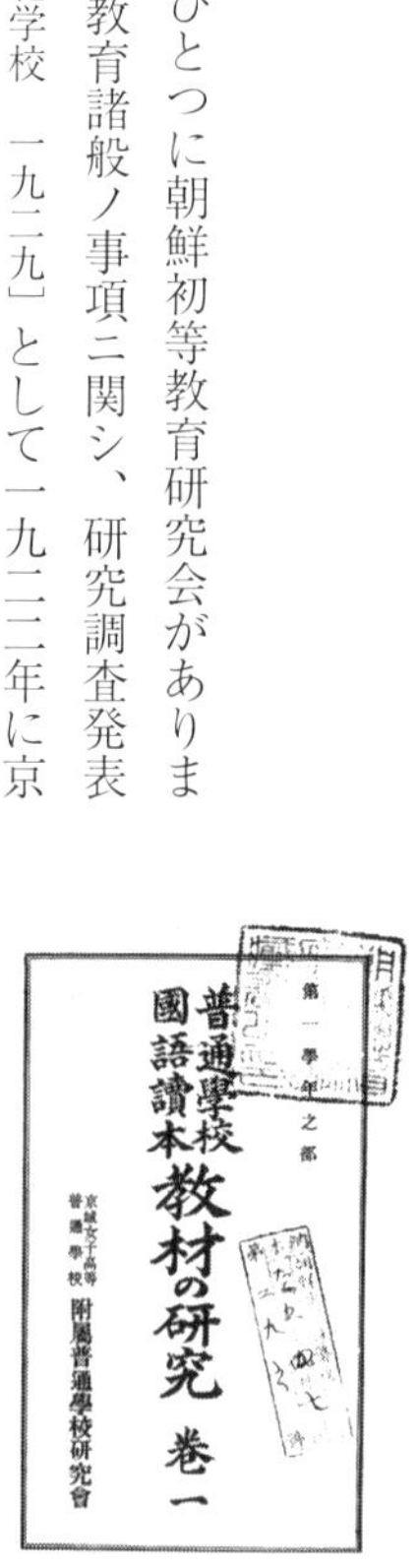

図8　国語読本に関する研究成果の一部（出典：京城女子高等普通学校附属普通学校研究会『普通学校国語読本教材の研究 巻一』一九一六年）

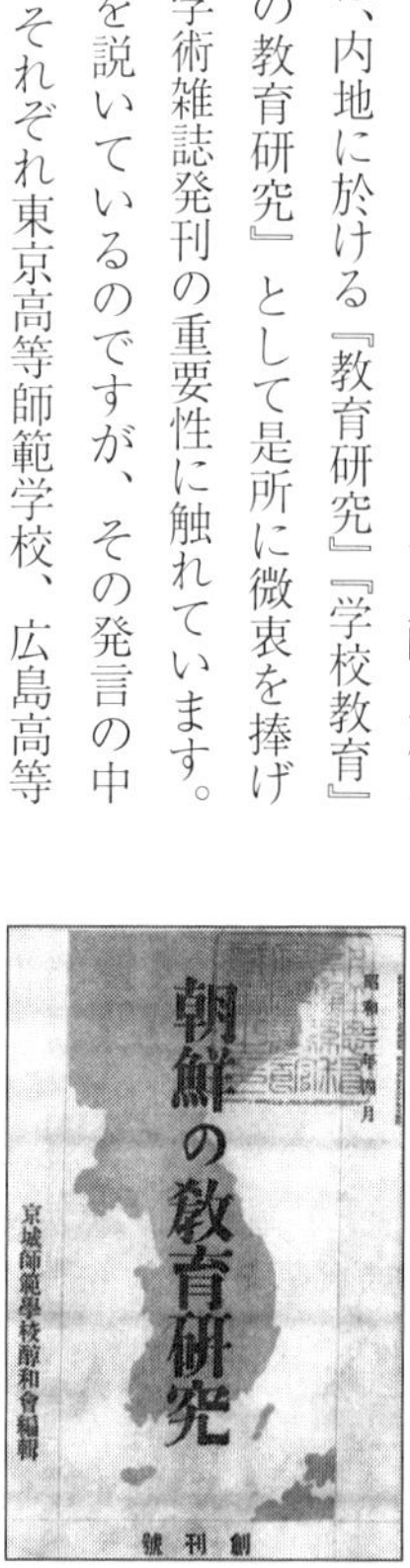

図9　『朝鮮の教育研究』創刊号の表紙（出典：京城師範学校『朝鮮の教育研究』、一九二八年四月）

師範学校が発行していた雑誌であり、これらはおもに日本「内地」における教育実践研究の成果が発表された媒体です。それに対して、『朝鮮の教育研究』は、「朝鮮の環境民度を顧慮」したうえで、「実際的見地」に立つものとして刊行されたということです。日本「内地」の教育研究の模倣をするのではなく、朝鮮の実情に即したものであるからこそ同誌は朝鮮における教育実務者の「伴侶」として位置づけられたといえます。

では、朝鮮初等教育研究会の研究活動の内容とその特徴はどのようなものだったのでしょうか。

3　教育実践研究の内容とその特徴

『朝鮮の教育研究』には、朝鮮初等教育研究会の会員から投稿される論説や実践報告、教材研究等が掲載されています。

同誌に掲載された様々なテーマを、その内容に応じて「教科・科目教育関係」、「学校・学級経営関係」、「児童・生徒関係」、「教育一般」、「その他」という五項目に分類すると、もっとも多くのものが含まれたのは、「教科・科目教育関係」でした。次いで「教育一般」、「学校・学級経営関係」、「その他」、「児童・生徒関係」という結果でした（グラフ3）。「教科・科目教育関係」のものをさらに具体的な内容にそくして分類すると、もっとも多いのは「国語」で、次いで「算術」、「理科」、「実科・職業」、「国史」、「修身」、「体操」、「唱歌（音楽）」、「地理」、「図画」、「朝鮮語」、「裁縫（家事）」と続きます。国語関係の論説や実践報告、教材研究が突出して多く、その数は、「教科・科目教育関係」全掲載分の四分の一を上回ります。これは、『朝鮮の教育研究』全掲載分の約一六％を占める数でも

グラフ3　『朝鮮の教育研究』掲載テーマ分類

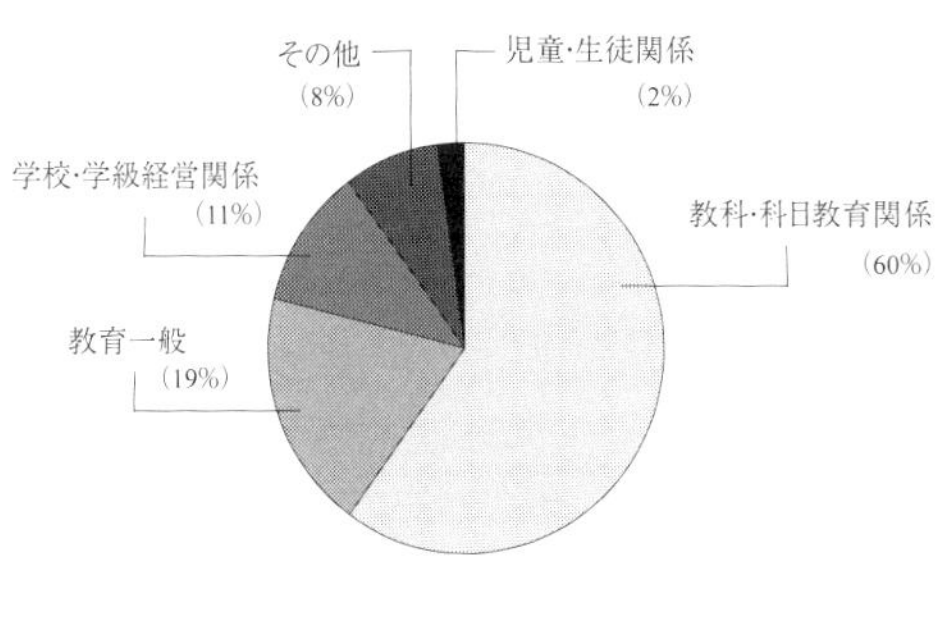

あります。こうした量的な状況だけを見ても朝鮮初等教育研究会による研究活動の特徴がうかがわれます。

国語関係の研究活動が盛んであったことの背景としては、朝鮮総督府が示した対朝鮮人国語教育の「重要性」を指摘することができるでしょう。一九一一年の「朝鮮教育令」では、第五条に「普通教育ハ普通ノ知識技能ヲ授ケ特ニ国民タルノ性格ヲ涵養シ国語ヲ普及スルコトヲ目的トス」とあり、第八条には次のように規定されています。

> 普通学校ハ児童ニ国民教育ノ基礎タル普通教育ヲ為ス所ニシテ身体ノ発達ニ留意シ国語ヲ教ヘ徳育ヲ施シ国民タルノ性格ヲ養成シ其ノ生活ニ必須ナル普通ノ知識技能ヲ授ク

また、総督府の『施政二十五年史』〔朝鮮総督府　一九三五〕には、「普通学校は国民性の涵養・国語の普及に於て最も重要の機関」という記述があるように、普通学校における国語教育は他の教科・科目の教育とは植民地教育政策上の「重要性」という点で明らかに一線を画すものであったといえます。朝鮮総督府は、普通学校での国語教育の実践に資するための教材として、教科書とは別に『国語補充教材』（図10、11）を発行していた点にもその「重要性」をうかがうことができます。

朝鮮初等教育研究会は、『朝鮮の教育研究』を刊行する以前より普通学校における国語教育を重要な研究課題として位置づけていたことが、一九二五年一〇月一二〜一四日に開催された研究大会の様子からうかがうことができます。同研究大会のテーマに設定

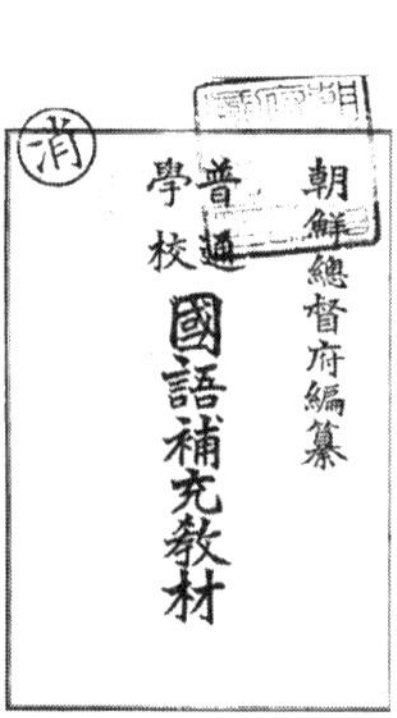

図10　普通学校児童用の『国語補充教材』（出典：朝鮮総督府『普通学校国語補充教材』一九一三年〔三版〕）

されたのはまさに「普通学校に於ける国語教育の諸問題」であり、会員による研究発表、講演、実地授業、研究物陳列が行なわれています。「普通学校に於ける国語教育の諸問題」というテーマ設定の理由およびその意義については大会の告知の中で次のような説明がなされています。

半島教育殊に普通学校教育の枢軸は、一つに国語教育にあるものと信じます。而して其の対象たるや、国語を常用せざる児童なることに思ひを致す時、国語教育に従事する我々は徒《いたず》らに内地国語教育思潮の直輸入と其の模倣とに没頭心酔することなく、その対象に則せる謙虚にして真摯なる研究を遂げ、確たる信念のもとに其の聖壇に立つに非れば、半島三十幾万の朝鮮児童の上に大なる不幸を齎《もた》らすものと思ひます。［京城師範学校附属学校内朝鮮初等教育研究会　一九二五］（傍線、ルビは筆者による）

国語教育は、「普通学校教育の枢軸」であり、それは、「内地」の国語教育を「直輸入」あるいは「模倣」するのではなく、朝鮮独自の教育目的、方法をもって行なわれなければならないという研究会のスタンスをうかがうことができます。「国語を常用せざる児童」としておもに想定された朝鮮人児童を対象とするがゆえに、その対象に応じた実践研究が目指されたという点に朝鮮における教育実践研究としての特徴を見ることができます。

また、朝鮮の教員らによる教育実践研究の特色という点では、複式教育をテーマとし

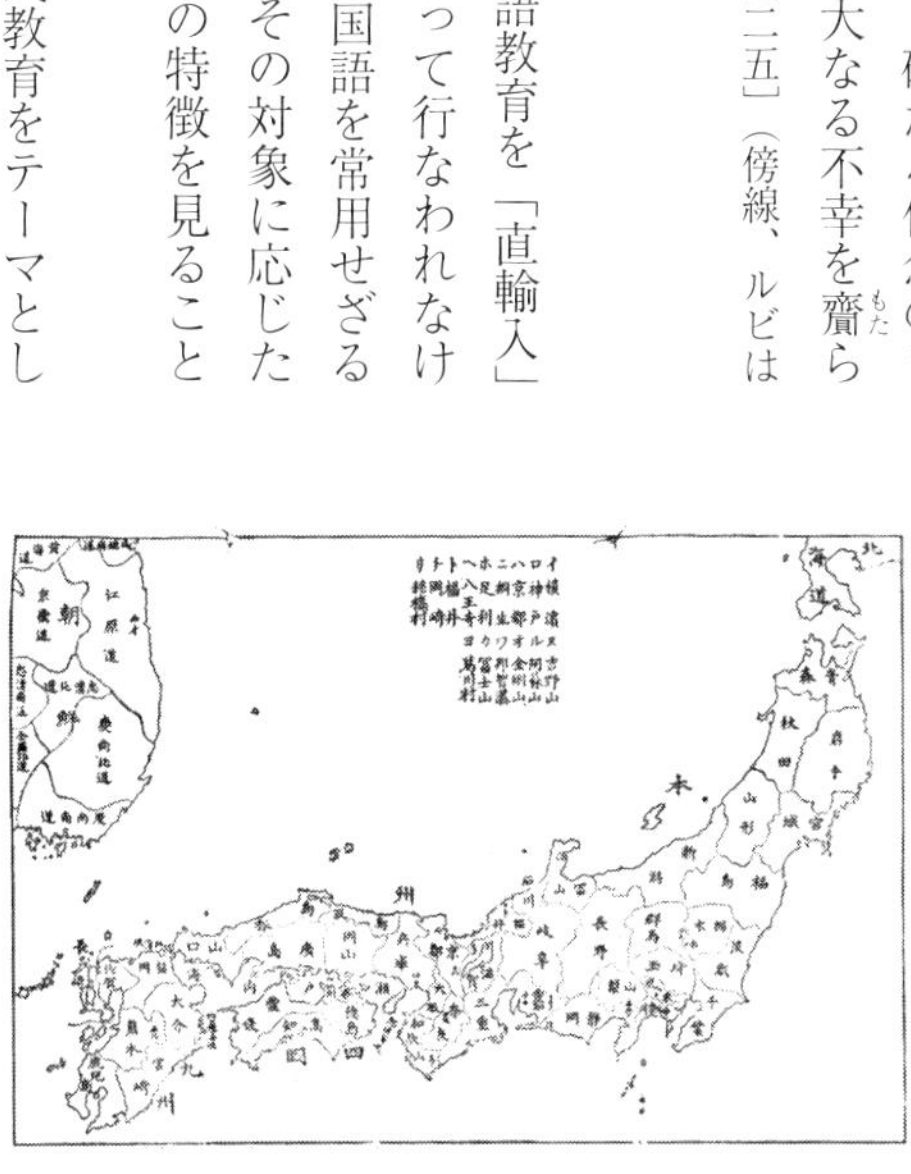

図11『国語補充教材』掲載の「参考地図」（出典：朝鮮総督府『普通学校国語補充教材』一九一三年［三版］）

た研究が注目されます。複式教育とは、二つ以上の異なる学年の児童・生徒を一学級に編制したうえで行なう教育形態のことです（写真3）。この複式教育に関する研究は全体の約一一％を占める「学校・学級経営関係」のカテゴリーに含まれるものです。史料の制限もあり断片的な数字の紹介となりますが、朝鮮においては少なくとも一九一四年の時点では小学校の約五七％が、一九二八年の時点では小学校の六九％以上が、一九三七年の時点では小学校の九三％、普通学校の七二％が複式形態での学校・学級経営を行なっていました。

『朝鮮の教育研究』には創刊号から複式教育に関する論考が掲載されており、そこにも「朝鮮の初等学校に於ける複式学級は極めて多い」［上田　一九二八］という現状が記されています。

一九三一年一一月には、『朝鮮の教育研究』で複式教育の特集が組まれ、朝鮮における複式教育研究を牽引した上田槌五郎は特集に寄せた論考の中で、「朝鮮の複式学級には特殊の相がある。自然教育方法にも特殊の工夫が起つて来なければならない」［上田　一九三一］と主張し、日本「内地」での複式教育を念頭においた教授法をそのまま朝鮮での実践に適用することへの注意を促しています。

日本「内地」における複式教育研究の「鵜呑み」に対する忌避や朝鮮の実情に応じた独自の研究の必要性が強く説かれたことは、前述の国語教育研究とも共通する教育実践研究のいわば「脱内地延長主義」*の顕れであったといえます。

本書では個々の教育実践研究の具体的な内容に立ち入りませんが（詳しくは［山下　二〇一九、二〇一五a、二〇一五b］参照）、朝鮮独自のものとして蓄積された教員らによる

写真3　普通学校の二・四学年複式の授業の様子（出典：朝鮮初等教育研究会『朝鮮の教育研究』一九三一年一一月号）

＊脱内地延長主義
教育実践研究を日本「内地」と同じように行うのではなく、あくまで朝鮮独自のものとして行うことにむしろ積極的な意義が見出されていることを指しています。こうした点にも「朝鮮教

研究活動の成果は、教育政策文書にはうかがうことができない植民地教育の「現場感」を帯びたものが多く、その意味においても注目すべきものといえます（写真4）。

六　植民地権力への従属性と緊張関係

1　国家と教員の関係

本節では、日本統治下朝鮮における教員たちの植民地権力への従属性と両者の緊張関係について考えてみたいと思います。そのためにもまずは時間と空間を限定せず、国家と教員の関係そのものについて簡単に触れておきたいと思います。

そもそも学校教育は近代国家の形成とともに誕生し、その維持のために機能する装置としての性格を持っているため、運営は国家が定めたルールの下、計画的かつ組織的に行われます。このことは現代の学校教育においても基本的には同様です。むろん、教育という営みそのものは、国家との関係性の中だけで捉えられるものではなく、もっと広範な関係において成り立つ多様なものです。しかし、制度化された学校教育に限れば、国家と無関係には存在しえず、そこでの実践を担う教員の存在についてもやはり同様です。したがって、教員という存在は、そうした側面だけでは説明しつくせないにせよ、国家による教育政策の「担い手」としての役割を果たすべき集団として社会の中に位置づけることができます。

では、学校で働く教員たちは社会の中で自らが置かれた立場や担うべき役割に従順な集団としてのみ存在してきたのでしょうか。換言すれば、教員たちはその時代、そ

育令」に示された「教育ハ時勢及民度ニ適合セシムルコトヲ期スヘシ」という朝鮮における教育の基本方針との関連性をうかがうことができます（コラム・1参照）

写真4　第一八回朝鮮初等教育研究会「皇国臣民教育の実際」の様子（出典：朝鮮初等教育研究会『朝鮮の教育研究』一九三八年一二月号）

の場所で求められる資質や能力を備え、単に政策の「担い手」としてのみ存在した人々だったのでしょうか。国家権力の一装置として学校教育や教員を位置づけることは容易ですが、歴史の中に生きた教員らの実態に目を向けると、決して単純ではない国家との関係性が浮かび上がることもあります。

日本統治下朝鮮の初等学校で働いた教員たちに注目する時、そうした国家と教員の関係、特に教員の国家への従属性と両者の緊張関係について考えることを避けることはできません。

2　植民地教育政策の「担い手」としての教員

日本統治下朝鮮の初等教員たちが植民地教育政策の「担い手」としての役割を担ったことを確認することは難しいことではありません。

なぜなら、そもそも教員という職業が朝鮮総督府の決定した教育政策を現場で実行するという仕事そのものだったからです。この点は、「民族」や性別、養成プロセスが異なる教員の多様性を踏まえてもなお揺るがないものです。ただし、政策の「担い手」であることを教員の多様性にそくして考察してみると、より踏み込んだ分析が可能となります。

ひとりの教員は例えば、「日本人であり、男性であり、朝鮮の師範学校で養成され……」というように複数の属性を有しており、常に同じひとつの属性によってのみ形容されるわけではありません。彼／彼女らを特徴づける要素のうち、場面に応じてあるひとつの特徴が強調され、それが表面化するということが起きており、属性の顕在化とも換言できるこの現象は、植民地教育という文脈の中で政策意図と関連させつつ説明できるものです。

ではまず、本書で触れた「民族」という属性についてはどうでしょうか。結論から言うと、日本人教員か朝鮮人教員かといった「民族」の差は、「同化」と「差異化」が同時に志向されるという性格を有した日本の植民地政策と連動するかたちで見え隠れしました。前述したように、植民地教育政策を推進するため、現地では日本人教員を中心とした教育体制の構築が目指されました。具体的には、ポストや役割、待遇に差を設け、それを教員社会に温存することによって日本人教員と朝鮮人教員を「差異化」し、円滑な植民地教育政策の浸透が図られたのです。象徴的なのは、少数の日本人教員に朝鮮人教員の指導と地域社会の「教化」という役割が付与され、「国語」の指導や、思想の「善導」等が各地域で実践されていたことでしょう。植民地である朝鮮においては、そもそも「民族」が個人を特徴づける重要な属性であったと考えられるため、日本人教員と朝鮮人教員との間には、もともと大きな精神構造の違いが存在していたでしょう。そのうえ、こうした教員をめぐる施策の中でも両者は「差異化」されていたため、日本人か、朝鮮人かといった属性は教員集団内部においてもっとも強固であり、また、もっとも多くの場面で表面化していた属性であったと考えられます。しかしその一方で、朝鮮人教員は、「同化」をいち早く体現すべき存在ともされ、「民族」という属性による差異が、「同化」政策の中で隠蔽されるということも同時に行なわれていたのです。このように、「民族」という属性の見え隠れには、植民地政策の政略が絡んでおり、ある意味では「巧妙」に仕組まれた施策であったともいえるでしょう。

また、「女教員の適材を適所に置くことは決して無用でない」という、性差に応じた教員の「適材適所」論が存在していたように、男性教員か女性教員かという教員の性差の顕在化にも植民地政策の「担い手」に関する政略を読み取ることができます。女性教員が増加すると、「女性独自ノ使命」を意識した師範教育によって女性教員を養成し、その「特長」を活かして、植民地教育を円滑に進めることが図られました。ただし、時局の影響で男性教員が不足すると、性差に応じた「適材適所」論はトーンダウンし、性差による役割の分担が曖昧化しました。つまり、性差という属性もまた、植民地政策の中でその政略と絡みつつ、境界線が強調されたり一部取り払われたりしたのです。

このように、朝鮮における教員は政策意図と連動し、場面に応じて属性を見え隠れさせましたが、それは必ずしも教員ら自身の意思によって行なわれたものばかりではなく、教員の多様性が植民地経営の政策に取り込まれた結果として起きたものともいえます。日本人であることや女性教員であることなどが政略の中で巧みに利用され、結果として教育を通じた植民地統治の浸透・徹底に与《くみ》した面を持っていたのです。また、前述した教育実践に関する研究活動も総督府の植民地教育政策の方針に沿うという範疇から逸脱するものではなかったことも指摘しておかなければなりません。実践研究を行った教員らは自らの「熱意」や「善意」によって現場の実態を考慮した教育のあり方を模索するという営みに邁進していただけかもしれませんが、そうした教員たちの営みは本人たちが無自覚であったとしても総督府による植民地教育政策の徹底やそれへの従属性を高めるものとして機能した面があります。

こうした点をクローズアップすると、朝鮮における教員集団は、植民地政策を現場

写真5 「京城府内公立普通学校生徒の旗行列」の様子（出典：朝鮮総督府学務局『朝鮮教育要覧』一九一五年）

で担い、推進する集団としての性格を持っていたことが明らかです。本人が自覚していたか否かに関係なく、教員らは統治権力の先鋒、政策の担い手としての性格を持つ存在であったということになります。

3　支配の浸透を批判的に阻もうとする教員の存在と教員政策のほころび

国家による制約から完全に自由な学校教員など存在し得ない以上、教員が政策の「担い手」であることは当然ですが、他方で教員らの実態を見ると、彼／彼女らは求められる役割や制約を無批判に受容し、政策を推進するばかりの存在ではなかったことも明らかです。

日本人教員と朝鮮人教員が差異化されることで両者間に軋轢が生じたことや女性教員が教員かつ女性であることによって生じるジレンマを抱え続け、性差に応じた教員の「適材適所」が、その理念どおりに効果を挙げたとは言い難いことなど、教員をめぐる状況は決して朝鮮総督府の思惑どおりではありませんでした。ここではさらに植民地教育政策を停滞、あるいはほころばせる可能性を宿した集団としての実態に着目してみましょう。

具体的には、教員の「思想問題」に注目します。教員は、児童を「忠良ナル国民」として育成する立場でしたが、彼／彼女らの一部は、むしろ朝鮮人児童の民族意識を育成・昂揚していたという事実もあります。こうした思想活動の特徴は、学校の教室や私宅にて朝鮮人児童に民族意識の伝達や育成を図るという、教員の立場を「利用」していた点にあります。朝鮮の児童を「忠良ナル国民」として育成するという植民地政

写真6　一九三七年の「教職者の祈願」の様子（出典：朝鮮初等教育研究会『朝鮮の教育研究』一九三七年一〇月号）一九三七年九月六日の「愛国日」に京城府内の諸学校の教員ら全員が朝鮮神宮前にて武運長久を祈願した時の様子。

策上の極めて重要な役割を課せられた教員が日本の植民地支配に抗う人物の育成を行なうことさえあったことは、現代のわれわれが日本統治下朝鮮における教員集団の特徴を捉えるうえで見落とすことができない実態であり、そこに植民地権力とのある種の緊張関係をうかがうことができます。また、思想事件で検挙された教員の一部は師範学校在学時、すなわち、教員として養成される段階において民族意識や独立思想を培っていたこともわかっています。教員としての資質を養うべき場であった師範学校では朝鮮人教員や朝鮮人生徒による秘密組織が存在し、民族意識育成・昂揚活動が展開されることも少なくなかったのです。文字どおり植民地教育の「担い手」としての教員を養成することが師範学校の使命であり、朝鮮総督府のねらいでもありましたが、皮肉にもその師範学校が朝鮮人の民族・抗日思想＊を育む場として機能することさえあったというのが現実でした。

　加えて、朝鮮における教員をめぐっては、その量と「質」の確保に大きな課題を抱えていました。前述したように初等学校が日本統治期を通じて増加し続けたことにより、教員の需要も増え続けました。朝鮮では師範学校拡充や教員試験などによって教員を確保・供給していましたが、教員不足の窮状を打開することはできず、朝鮮総督府は教員の確保に関して常に困窮していました。また、教員が確保できないこととも関連して、植民地教員としての「質」の問題も存在していました。例えば、朝鮮人教員の「国語」の能力や教授法が問題視され、講習会の開催や師範学校制度の「改善」によってその向上が図られました。しかし、常に教員が不足しているという状況において維持・向上し得る「質」には限界があり、教員の「質」に関する憂慮も一九四〇年代まで継

＊民族・抗日思想
　初等教員の「思想問題」の詳細について知りたい人は、［山下二〇〇九、二〇一二］を参照してください。また、いわゆる「不穏思想」を問題視される師範学校の生徒や初等学校の教員は朝鮮人だけではありませんでした。日本人教員・上甲米太郎の活動はその代表的な例ですが、このことについては［高麗博物館　二〇一〇］を参照。

続していました。つまり、朝鮮総督府は植民地期を通じて教員不足問題の解決と「質」の向上といった二重の課題を抱え込んでいたといえます。

さらに、朝鮮総督府が教員の量や「質」の確保に困窮していたこととも関連しますが、学校で「中心的」な役割を果たすべき日本人教員の招聘事業が、総督府の計画通りに遂行されていなかったことも植民地政策上の痛手となっていました。特に、「皇国臣民教育」の強化・徹底の過程では、日本「内地」の実情に明るい招聘教員の存在意義が顕在化し、その必要性が高まりましたが、実際の教員招聘数は、朝鮮総督府が要求した数の半数にも達しない程度でした。そのため、総督府は「内地」に向けて教員の配当を強く懇願したものの、結局、計画どおりに確保することができなかったことは前述したとおりです。

こうした教員をめぐる状況を踏まえると、日本統治下朝鮮における教員集団は確かに、植民地教育の「担い手」として位置づけられる一方で、総督府の植民地教育政策に停滞をもたらすことさえあった存在としても位置付けることができます。換言すれば、朝鮮における教員集団は統治を下から支える植民地権力の一部であったと同時に、それを内側から崩すような存在としても捉えられるのです。朝鮮総督府にとって教員とは、植民地教育の「担い手」であった一方、統治の弱体化を招き得る不安要素でもあったということもできるでしょう。こうしたアンビヴァレントな特徴を有した教員集団を単に政策の推進者としてのみ捉えることはできません。

教員という職業自体が、すでに植民地権力に組み込まれていたという構造を否定することはできませんが、同時にそうした構造の中で教員たちがいかに機能したのか、また、しなかったのかという点への関心と検証は、彼／彼女らを歴史の中に位置づけ、植民地教育の実態に接近するうえでは欠かすことのできない作業なのです。

むすびにかえて――当事者たちの「声」について

日本統治下朝鮮の学校で教員として働いた人に初めて会ったのは二〇〇二年のことでした。それ以降、延べ二〇名ほどの元教員への聞き取り調査を行ってきました。聞き取り調査に応じてくれた元教員の中には日本人も韓国人も含まれています（残念ながら今では多くの方が亡くなっています）。学校の教員という存在を手がかりに植民地教育のことを知り、考えることになったのはこうした人々との出会いがあったからです。

彼らの語りには（それがどのような内容であったとしても）、当事者の声・証言であるがゆえの「重み」があり、また、聞き手の感情を動かす力もあります。

しかし、その語りに向き合うことは決して容易なことではありません。それは、個人の記憶の中にある「純粋な」師弟愛や人間ドラマ、学校・教職生活についてのノスタルジックな語りと植民地教育史という文脈上での彼らの存在についての説明を峻別しつつも重ね合わせながら当時のことを跡づける作業に、葛藤やある種の「裏切り」が伴うからではないかと考えています。

例えば、元教員たちの「声」からは、しばしば「ただ目の前の子どもたちのために働いた」という善意や教職そのものについての誇りを確かに感じることがあります。その善意や誇りは当事者にとっては紛れもない事実であり、彼らと接した当時の子どもたちにも共有されていたケースさえあったでしょう。それは植民地教育という差別的・

写真7　一九四〇年の小学校での授業風景（二学年）（出典：朝鮮初等教育研究会『朝鮮の教育研究』一九四〇年二月号）

暴力的な構造の中で行われていたことだと事後的に断罪することは容易ですが、後の時代に生きる他者が当事者の「声」や実感までを否定し、むげにすることはできません。しかし、そうした「声」や実感を美談としてのみ理解してしまうこともまた、歴史や彼らの人生に対して真摯な向き合い方とはいえないでしょう。

元教員の「声」にもさまざまなものがあります。複数の人に話を聞けばまったく逆のことが語られることも珍しくはありません。先ほど挙げた善意や誇りとは異なり、自身の言動に対する悔恨や反省の「声」が聞かれることもあります。それゆえに、当時の教育がどういうものであったのかということについてのどんな主張にも当事者たちの「声」の一部が都合よく使われるというリスクが存在しています。文脈や全体を無視した当事者の「声」の切り貼りは植民地教育史についての思い込みや誤認を助長するものにもなってしまうでしょう。当事者たちの語りに向き合うことが決して容易ではないと書いた所以です。筆者自身、聞き取り調査でさまざまな「声」を聞くことができましたが、本書で直接的な引用が控えめであるのもそうしたことを意識しているためですし、それらをどのように扱っていくかということは今後の大きな課題でもあります。

当事者の語りはそれ自体が貴重なものであることはいうまでもありません。当事者として語ることのできる人がほとんどいなくなってしまった現在においてはなおさらです。そうした状況の中で当事者の「声」が示唆することに多くを学びながらも、他方でそれらに対して私たちはどれほど慎重になれるでしょうか。語りの背後にある当事者の〝思い〟や期待を引き受けながらも、私たちはその〝私たち自身〟をどれほど相対化することができるでしょうか。

写真8　小学校の板書（一九四〇年）
（出典：朝鮮初等教育研究会『朝鮮の教育研究』一九四〇年二月号）

日本の朝鮮植民地支配について、「これが真実だ」と断言するかのような主張や言説が跋扈する中で、私たちにはそうしたことが問われているのだと思います。

ある主張のために複雑なことが単純化されていないか、多面的な実態の一面だけに光が当てられてはいないか、そうしたことを意識し続けることが当事者たちの多様な「声」に応えるということなのかもしれません。

〔付記〕本書には、ＪＳＰＳ科研費（基盤研究(C) 19K02408）の助成を受けて行った研究の成果を含んでいます。

写真９　体育の指導を行う教員の様子（一九三七年）（出典：朝鮮初等教育研究会『朝鮮の教育研究』一九三七年五月号）

参考文献

赤木萬二郎
一九二四「『朝鮮の教育研究』発刊に際して」『朝鮮の教育研究』朝鮮初等教育研究会。
安炳泰
二〇〇〇『逆風に飛び立った子ら――韓国老教師の回想』スリーエーネットワーク。
上田槌五郎
一九二八「複式学級の経営」『朝鮮の教育研究』朝鮮初等教育研究会。
一九三一「複式学級教育法の振興策を如何にすべきか」『朝鮮の教育研究』朝鮮初等教育研究会。
内尾志津子
一九三四「女教員の向上について」『文教の朝鮮』朝鮮教育会。
小田省吾
一九二四「朝鮮教育に就て」『朝鮮』朝鮮総督府。
開発社
一九一九『教育時論』第一二四五号　開発社。
外務省
一九三八「在外学校教職員ノ内地ヨリ出向ニ関スル件」外務省。
江原道教育会
一九三五『江原道教育要網』江原道。
慶尚北道
一九二〇「公立学校長会諮問事項答申書」慶尚北道。
一九二二『慶尚北道教育及宗教一斑』慶尚北道。
京城師範学校
一九二八「朝鮮初等教育研究会規定」京城師範学校。

一九二九『京城師範学校総覧』京城師範学校。
京城師範学校附属学校内朝鮮初等教育研究会
一九二五「第二回初等教育研究会」『文教の朝鮮』朝鮮教育会。
京城女子師範学校
一九三五『官立京城女子師範学校一覧』京城女子師範学校。
高麗博物館編
二〇一〇『植民地・朝鮮の子どもたちと生きた教師　上甲米太郎』大月書店。
幣原　坦
一九一九『朝鮮教育論』六盟社。
関口康壽
一九一〇「朝鮮教育所見」『帝国教育』第三三九号。
外里繁代子
一九四三「決戦下女教師の信念」『文教の朝鮮』。
立石きよか
一九四三「決戦下に於ける女教師の覚悟」『文教の朝鮮』。
朝鮮教育会
一九二五「女教員大会を覗く」『文教の朝鮮』朝鮮教育会。
朝鮮総督府
一九一二『朝鮮総督府月報』第一二号。
一九一六『朝鮮彙報』。
一九二三『朝鮮に於ける新施政』（第七版）。
一九三五『施政二十五年史』。
朝鮮総督府学務局
一九一九「第四十二回帝国議会説明資料」復刻版『朝鮮総督府　帝国議会説明資料』第一二巻　不二出版。
一九二六『朝鮮教育要覧』。
一九四三「朝鮮における学校教育に関する調書　参考資料」。

朝鮮総督府学務局学務課
　一九三九　『朝鮮教育の概観』。
福士末之助
　一九二九　「女性の任務――於京城女子教員会」『文教の朝鮮』朝鮮教育会。
水野直樹
　二〇〇八　『創氏改名――日本の朝鮮支配の中で』岩波書店。
山下達也
　二〇〇九　「植民地朝鮮における教員の思想問題」『アジア教育』第三巻。
　二〇一一　『植民地朝鮮の学校教員――初等教員集団と植民地支配』九州大学出版会。
　二〇一五ａ　「植民地期朝鮮の教育実践研究――『朝鮮の教育研究』の分析を中心に」『アジア教育』第九巻。
　二〇一五ｂ　「植民地期朝鮮における初等学校の教育形態――複式教育論の分析を中心に」『韓国文化研究』第五号。
　二〇一九　「植民地朝鮮における修身教育の実践――研究活動および教材解説の分析を中心に」『韓国文化研究』第九巻。
弓削幸太郎
　一九二三　『朝鮮の教育』自由討究社。

著者紹介
山下達也（やました　たつや）
1981年生まれ。
2010年、九州大学大学院人間環境学府博士後期課程修了。博士（教育学）。
専門は教育史。
現在、明治大学文学部准教授。
主著書として、『植民地朝鮮の学校教員――初等教員集団と植民地支配』（九州大学出版会、2011年）、『教育の歴史・理念・思想』（協同出版、2014年、分担執筆）、『在朝日本人情報事典』（ポゴサ、2018年、分担執筆）、論文として、「植民地期朝鮮の教育実践研究――『朝鮮の教育研究』の分析を中心に」（『アジア教育』第9巻、2015年）、「日本統治期朝鮮における学校観形成の一側面――普通学校修身書にみる学校の描写と指導の変遷」（『韓国文化研究』第11号、2021年）ほか。

学校教員たちの植民地教育史　日本統治下の朝鮮と初等教員

2022年3月15日　印刷
2022年3月31日　発行

著　者　山下　達也
発行者　石井　雅
発行所　株式会社　風響社
東京都北区田端4-14-9（〒114-0014）
Tel 03（3828）9249　振替 00110-0-553554
印刷　モリモト印刷

ISBN987-4-89489-318-4　C0022